ANÁLISIS FUNDAMENTAL DE FOREX

guía práctica

Victor Vandersan

Calgaro Publisher

CONTENTS

INTRODUCCIÓN AL MERCADO FOREX

El mercado Forex es uno de los mercados financieros más dinámicos y complejos del mundo. Con trillones de dólares negociados diariamente, es un mercado que ofrece oportunidades excepcionales de beneficio, pero también puede resultar increíblemente desafiante para los inversores. Por esta razón, es fundamental contar con una comprensión sólida del análisis fundamental. Este libro, "Análisis Fundamental del Mercado Forex", es una guía exhaustiva para el análisis fundamental en el mercado Forex.

El análisis fundamental es un enfoque para el mercado que implica el estudio de factores macroeconómicos, políticos y sociales que afectan las tasas de cambio. Exploraremos el análisis fundamental con gran detalle, examinando los indicadores económicos más importantes, como el PIB, la inflación, las tasas de interés y el desempleo, y cómo afectan las tasas de cambio. También abordaremos temas como la geopolítica, las elecciones y la política monetaria, y cómo estos factores pueden afectar el mercado Forex.

Proporcionaremos ejemplos y estudios de caso para ilustrar cómo se puede aplicar el análisis fundamental al mercado Forex. Además, discutiremos estrategias de trading basadas en el análisis fundamental y cómo pueden utilizarse para tomar decisiones de inversión más informadas.

Es importante destacar que el mercado Forex es volátil y que el éxito en las inversiones no está garantizado. Sin embargo, existen ejemplos de personas que han logrado el éxito financiero utilizando el análisis fundamental en el mercado Forex. Aquí hay algunos ejemplos:

George Soros: Probablemente el ejemplo más conocido de un inversor que obtuvo éxito en el mercado Forex. Soros utilizó el análisis fundamental para prever la depreciación de la libra esterlina en 1992 y ganó miles de millones de dólares con la caída de la moneda británica.

Stanley Druckenmiller: Principal colaborador de Soros en ese momento, utilizó el mismo análisis fundamental para obtener ganancias en el mercado Forex.

Andrew Krieger: Ex empleado de Bankers Trust que utilizó el análisis fundamental para identificar una oportunidad de beneficio en una moneda asiática en 1987. Realizó una inversión considerable en esa moneda y obtuvo beneficios significativos.

Michael Marcus: Uno de los primeros traders de materias primas que incursionó en el mercado Forex, utilizando el análisis fundamental para identificar oportunidades de beneficio. Tuvo un gran éxito en sus operaciones y se convirtió en uno de los traders más exitosos de su época.

Estos son solo algunos ejemplos de personas que utilizaron el análisis fundamental en el mercado Forex y obtuvieron éxito financiero. Es importante recordar que cada inversor tiene su propia estrategia y que los resultados pueden variar según la situación del mercado y otros factores.

Finalmente, concluiremos con una sección sobre cómo el análisis fundamental puede utilizarse en conjunto con otras formas de análisis, como el análisis técnico, para obtener una visión más completa del mercado Forex.

Con este libro, esperamos proporcionar a los inversores una comprensión sólida del análisis fundamental y cómo puede utilizarse para tomar decisiones de inversión más informadas en el mercado Forex.

PRINCIPIOS DEL ANÁLISIS FUNDAMENTAL

El análisis fundamental es una metodología de análisis de mercado que busca comprender el valor intrínseco de un activo, como una moneda, acciones o commodities, evaluando los factores económicos, financieros y políticos que afectan su oferta y demanda. En este capítulo, se presentarán los fundamentos del análisis fundamental, que incluyen:

Indicadores económicos - El análisis fundamental tiene en cuenta diversos indicadores económicos, como la inflación, la tasa de interés, el PIB, la balanza comercial, entre otros, para evaluar la situación económica de un país y su impacto en la oferta y demanda de la moneda.

Eventos políticos y sociales - Los eventos políticos, como elecciones, cambios de gobierno y conflictos internacionales, pueden afectar la economía de un país y, consecuentemente, su moneda. La análisis fundamental también considera aspectos sociales, como la demografía y la cultura, que pueden influir en el mercado.

Balanza de pagos - La balanza de pagos de un país es un registro de todas las transacciones financieras entre el país y el resto del mundo. El análisis fundamental utiliza este indicador para entender la salud financiera de un país y evaluar la oferta y demanda de la moneda.

Política monetaria - La política monetaria de un país, definida por su banco central, afecta la oferta de moneda y, consecuentemente, su valor. El análisis fundamental tiene en cuenta las decisiones del banco central, como cambios en las tasas de interés y programas de estímulo monetario, para entender cómo pueden afectar el mercado.

Factores técnicos - Aunque el análisis fundamental se centra principalmente en factores económicos y políticos, también puede tener en cuenta factores técnicos, como el análisis gráfico, para entender las tendencias del mercado e identificar oportunidades de inversión.

Indicadores económicos

Los indicadores económicos son datos estadísticos que reflejan el desempeño económico de un país. Incluyen medidas como el Producto Interno Bruto (PIB), la tasa de inflación, la balanza comercial, entre otros. Estos datos son recopilados por agencias gubernamentales, organizaciones internacionales y empresas de investigación, y se utilizan para evaluar la economía de un país. Estos indicadores son una guía importante para los inversores, ayudándoles a evaluar el desempeño económico de un país y a tomar decisiones informadas sobre sus inversiones.

Pueden ser utilizados para prever las tendencias futuras del mercado e identificar oportunidades de inversión.

Los mismos son frecuentemente utilizados por los gobiernos para monitorear y ajustar su política económica. Por ejemplo, si la tasa de inflación está alta, el gobierno puede aumentar las tasas de interés para reducir el consumo y controlar la inflación. Los indicadores económicos son uno de los principales factores que afectan el valor de una moneda en el mercado de divisas. Por ejemplo, un país con un PIB fuerte y una balanza comercial positiva es más atractivo para inversiones extranjeras, lo que puede aumentar la demanda de su moneda y elevar su valor en relación con otras monedas.

Aunque los indicadores económicos pueden ser una herramienta valiosa para la toma de decisiones de inversión, deben interpretarse correctamente. Esto requiere una comprensión completa del contexto económico del país y un análisis cuidadoso de las tendencias y patrones. Los indicadores económicos cambian constantemente, reflejando los cambios en la economía del país. Por lo tanto, es importante mantenerse actualizado sobre estos indicadores para tomar decisiones informadas sobre inversiones.

Aunque los indicadores económicos son importantes, deben considerarse junto con otros factores que afectan el mercado financiero, como eventos políticos, cambios en las tasas de interés y fluctuaciones en el mercado de acciones. Es importante tener una comprensión completa de todos estos factores.

Eventos políticos y sociales

Los eventos políticos y sociales son situaciones que afectan la vida de la población en general, como elecciones, conflictos, protestas y desastres naturales. Estos eventos pueden tener un impacto significativo en la economía, afectando la producción, el consumo, la inversión y el comercio. Seguir de cerca los eventos políticos y sociales es fundamental para comprender las tendencias y los movimientos de la sociedad. Esto ayuda a los inversores y a las empresas a tomar decisiones informadas sobre inversiones, a prepararse para cambios en el mercado y a anticipar riesgos y oportunidades.

Los eventos políticos y sociales pueden afectar de manera significativa el mercado de acciones, alterando las perspectivas de los inversores y afectando la demanda de acciones. Por ejemplo, un discurso de un líder político puede afectar el valor de las acciones de una empresa, así como la moneda del país en el que la empresa tiene su sede. Los eventos políticos y sociales también pueden afectar las relaciones internacionales y la geopolítica. Las decisiones políticas tomadas por los líderes de una nación pueden afectar las relaciones comerciales, diplomáticas y militares entre países, impactando la economía y la seguridad global. Pueden afectar el comercio internacional mediante medidas como aranceles, embargos y sanciones. Esto puede afectar la demanda de productos, alterando el flujo de comercio y afectando las cadenas de suministro globales.

Los eventos políticos y sociales pueden afectar la vida de las personas de manera significativa. Esto puede afectar el acceso a la educación, la salud, el empleo y la justicia. Comprender estos eventos puede ayudar a crear soluciones para estos problemas y mejorar la calidad de vida de las personas. Aunque los eventos políticos y sociales pueden afectar la economía y la sociedad de manera significativa, es importante analizarlos con cuidado y comprender el contexto en el que ocurren. Un análisis cuidadoso puede ayudar a anticipar cambios en el mercado y tomar decisiones informadas sobre inversiones.

Balanza de pagos

La balanza de pagos es un documento que registra todas las transacciones económicas de un país con el resto del mundo durante un período específico, generalmente un año. Se divide en dos partes principales: la cuenta corriente y la cuenta de capital y financiera. La cuenta corriente registra las transacciones de comercio y servicios, como exportaciones, importaciones, transferencias de dinero y pagos de intereses y dividendos. Refleja el desempeño económico del país en relación con el resto del mundo, indicando si el país está generando más ingresos de los que está gastando o viceversa. La cuenta de capital y financiera, por otro lado, registra las transacciones de inversión, como inversiones en acciones, bonos e inmuebles en el extranjero, y las inversiones extranjeras en el país. Refleja la movilidad de capital del país con el resto del mundo y es una medida importante para evaluar el flujo de inversiones extranjeras en un país.

La balanza de pagos es una herramienta esencial para evaluar la salud financiera de un país. Permite que los analistas evalúen la posición económica del país en relación con el resto del mundo, su capacidad para financiar su deuda externa, su flujo de efectivo, entre otras métricas importantes. La información contenida en la balanza de pagos se utiliza por gobiernos e inversores para tomar decisiones importantes, como políticas fiscales y monetarias y estrategias de inversión. Por ejemplo, un país con un déficit en la cuenta corriente puede ser considerado un riesgo mayor para los inversores, lo que puede afectar negativamente su acceso a crédito e inversiones extranjeras.

La balanza de pagos también es importante para la estabilidad económica global. Cuando los países tienen desequilibrios en sus cuentas corrientes, esto puede llevar a una desestabilización económica global, lo que puede afectar negativamente la economía de otros países. Por ello, es importante que los países mantengan sus cuentas corrientes en equilibrio para garantizar la estabilidad económica global.

Además, la balanza de pagos también puede ser utilizada para identificar oportunidades de inversión en otros países. Por ejemplo, si un país tiene un superávit en su cuenta corriente, esto puede indicar que es un buen lugar para invertir, ya que el país está generando más ingresos de los que está gastando.

Finalmente, es importante destacar que la balanza de pagos es una herramienta dinámica que refleja los cambios en la economía global. Por ello, es importante que los analistas e inversores sigan regularmente los cambios en la balanza de pagos de un país para tomar decisiones informadas sobre inversiones y políticas económicas.

◆ ◆ ◆

Política monetaria

La principal meta de la política monetaria es mantener la estabilidad de precios, es decir, controlar la inflación y garantizar que se mantenga dentro de un nivel razonable. Para lograr este objetivo, los gobiernos pueden aumentar o disminuir la oferta de dinero en el mercado y ajustar la tasa de interés. La política monetaria afecta la oferta de dinero en la economía, lo que, a su vez, influye en la inflación. Si la oferta de dinero aumenta rápidamente, esto puede llevar a un aumento en la inflación. Por otro lado, si la oferta de dinero es limitada, esto puede provocar una disminución en la inflación.

La tasa de interés es una de las principales herramientas utilizadas por los gobiernos para implementar la política monetaria. Cuando la economía está creciendo rápidamente, los gobiernos pueden aumentar la tasa de interés para desalentar el consumo y limitar la inflación. Por otro lado, cuando la economía está en recesión, los gobiernos pueden reducir la tasa de interés para estimular la actividad económica.

Cuando los gobiernos aumentan la tasa de interés, esto puede llevar a una caída en los precios de las acciones, ya que las empresas deben pagar más intereses en sus deudas. Por otro lado, cuando los gobiernos reducen la tasa de interés, esto puede resultar en un aumento en los precios de las acciones, ya que las empresas pueden obtener préstamos más baratos.

Para asegurar que la política monetaria se implemente de manera efectiva, es importante que los bancos centrales sean independientes de los gobiernos. Esto significa que deben tener la capacidad de tomar decisiones independientes sobre la política monetaria, sin interferencia política.

El aumento en la tasa de interés puede llevar a una apreciación de la moneda, haciendo que las exportaciones sean más caras y las importaciones más baratas. Por otro lado, cuando los gobiernos reducen la tasa de interés, esto puede resultar en una depreciación de la moneda, haciendo que las exportaciones sean más baratas y las importaciones más caras.

La transparencia en la política monetaria es fundamental para garantizar que las decisiones tomadas por los gobiernos y los bancos centrales sean claras y comprensibles para el público en general. La transparencia ayuda a mantener la confianza en la política monetaria y a reducir la incertidumbre con respecto a las decisiones tomadas, permitiendo que individuos y empresas tomen decisiones informadas y se planifiquen mejor para el futuro.

Además, la transparencia puede ayudar a prevenir la corrupción y garantizar que las políticas monetarias se implementen de manera justa y equitativa.

◆ ◆ ◆

Factores técnicos

Los factores técnicos son datos que reflejan el comportamiento histórico de los precios y el volumen de negociación de un activo. Incluyen indicadores técnicos, como medias móviles, osciladores y niveles de soporte y resistencia. Estos datos son recopilados y analizados mediante software especializado, para ayudar a los inversores a comprender mejor el comportamiento del mercado.

Los factores técnicos son una guía importante para los inversores, ayudándoles a identificar tendencias de precios y patrones de negociación que pueden ser utilizados para prever las tendencias futuras del mercado. Pueden ser utilizados para identificar oportunidades de inversión y gestionar el riesgo de inversión.

Aunque el análisis fundamental se centra en los factores económicos que afectan al mercado, los factores técnicos son importantes para entender el comportamiento del mercado a corto plazo. Una combinación de análisis fundamental y factores técnicos puede ayudar a los inversores a tomar decisiones informadas sobre sus inversiones.

Los factores técnicos son uno de los principales elementos que afectan al valor de una moneda en el mercado de divisas. Por ejemplo, el nivel de soporte y resistencia de una moneda puede influir en el comportamiento de los inversores y afectar el valor de la moneda.

Aunque los factores técnicos pueden ser una herramienta valiosa para la toma de decisiones de inversión, deben interpretarse correctamente. Esto requiere una comprensión completa del contexto financiero del mercado y un análisis cuidadoso de las tendencias y patrones. Estos factores cambian constantemente, reflejando los cambios en el comportamiento del mercado.

Por lo tanto, es importante mantenerse actualizado sobre estos factores para tomar decisiones informadas sobre inversiones. Aunque los factores técnicos son importantes, deben considerarse junto con otros factores que afectan al mercado financiero, como eventos políticos, cambios en las tasas de interés y fluctuaciones en el mercado de valores. Es importante tener una comprensión completa de todos estos factores para obtener un buen rendimiento en sus análisis.

"Los fundamentos del análisis fundamental son la piedra angular para comprender las fuerzas que impulsan el mercado de divisas (Forex) e identificar oportunidades de inversión a largo plazo"

- Warren Buffett.

FACTORES ECONÓMICOS QUE AFECTAN AL FOREX

E n este capítulo, profundizaremos en los principales factores económicos que impactan en el mercado Forex. Estos factores pueden dividirse en dos categorías principales: factores macroeconómicos y factores microeconómicos.

Factores Macroeconómicos: Los factores macroeconómicos son aquellos que afectan a la economía de un país en su conjunto. Incluyen indicadores como el PIB, la tasa de inflación, la tasa de interés, la balanza comercial, la balanza de pagos, entre otros. El análisis de estos indicadores puede ayudar a comprender la situación económica del país y, consecuentemente, la demanda de la moneda.

Factores Microeconómicos: Los factores microeconómicos son aquellos que afectan a empresas y sectores específicos dentro de un país. Pueden incluir eventos como lanzamientos de productos, cambios en la dirección de la empresa, fusiones y adquisiciones, entre otros. El análisis de estos factores puede ayudar a comprender el rendimiento de las empresas y sectores, lo que a su vez puede afectar la demanda de la moneda.

Factores macroeconómicos

Los factores macroeconómicos son aquellos que afectan a la economía de un país en su conjunto y, por ende, a la demanda de la moneda. Ahora veremos algunos de los principales factores macroeconómicos que afectan al mercado Forex.

PIB - El Producto Interno Bruto (PIB) es uno de los indicadores macroeconómicos más importantes. Representa el valor total de todos los bienes y servicios producidos en un país durante un período determinado. El crecimiento del PIB puede ser un indicativo de la salud económica de un país e influir en la demanda de la moneda.

Tasa de inflación - La tasa de inflación es otra métrica macroeconómica importante. Mide el aumento de los precios de bienes y servicios en un período determinado. Una inflación alta puede llevar a una depreciación de la moneda, ya que los inversores pueden preocuparse por el impacto en la economía.

Tasa de interés - Las tasas de interés establecidas por los bancos centrales de cada país son uno de los principales factores que afectan al Forex. Tasas de interés más altas hacen que la moneda sea más atractiva para inversores extranjeros, lo que puede llevar a una apreciación de la moneda.

Balanza comercial - La balanza comercial es la diferencia entre el valor de las exportaciones e importaciones de un país. Si un país exporta más de lo que importa, la demanda de su moneda puede aumentar, lo que puede llevar a una apreciación de la moneda.

Balanza de pagos - La balanza de pagos es un registro de todas las transacciones financieras entre un país y el resto del mundo. Incluye pagos y recibos de bienes, servicios, préstamos e inversiones. Un saldo positivo en la balanza de pagos puede indicar una economía fuerte, lo que puede influir en la demanda de la moneda.

Política fiscal - La política fiscal es la forma en que un gobierno recauda y gasta dinero. Cambios en la política fiscal, como aumentos de impuestos o recortes de gastos, pueden afectar la economía y, por ende, la moneda.

Política monetaria - La política monetaria, que incluye decisiones sobre tasas de interés, programas de estímulo monetario y compras de bonos, también puede afectar el valor de la moneda de un país. Cambios en la política monetaria pueden llevar a una apreciación o depreciación de la moneda.

Estos son algunos de los principales factores macroeconómicos que afectan al mercado Forex. Analizar estos factores es esencial para aquellos que buscan convertirse en analistas fundamentales exitosos en el mercado Forex. Es importante recordar que estos factores pueden interactuar entre sí y tener efectos complejos en la economía y el mercado Forex.

Un ejemplo clásico de un efecto complejo que puede surgir con la interacción de estos factores es el llamado "conflicto de metas" que puede ocurrir en la política monetaria. Por ejemplo, un gobierno puede decidir aumentar las tasas de interés para controlar la inflación, lo que puede llevar a una apreciación de la moneda local. Sin embargo, esta apreciación puede perjudicar la balanza comercial del país, ya que puede hacer que las exportaciones sean más caras y las importaciones más baratas, reduciendo así la demanda de la moneda local. Para hacer frente a este conflicto de metas, el banco central puede decidir intervenir en el mercado cambiario comprando o vendiendo moneda, lo que puede tener efectos imprevisibles en la economía. Por eso, el análisis macroeconómico debe tener en cuenta la interacción entre estos factores y considerar las posibles consecuencias no deseadas de las políticas económicas.

Factores microeconómicos

Los factores microeconómicos son aquellos que afectan a las empresas y sectores específicos dentro de un país y pueden influir en el mercado Forex de varias maneras. El primer factor a considerar es el rendimiento de las empresas. Las empresas con resultados financieros positivos tienden a atraer a más inversores, aumentando la demanda de la moneda del país donde están ubicadas. Otro factor importante es la política fiscal. Las decisiones del gobierno en relación con impuestos y regulaciones pueden afectar el rendimiento de las empresas. Cambios en el régimen tributario, por ejemplo, pueden tener un impacto significativo en las finanzas de las empresas y, consecuentemente, en la demanda de la moneda. Las políticas que fomentan el comercio internacional también influyen en el mercado Forex. Acuerdos comerciales y la apertura de nuevos mercados pueden beneficiar a las empresas exportadoras, lo que lleva a una apreciación de la moneda del país de origen de estas empresas.

Los cambios en la dirección de las empresas también pueden afectar la demanda de la moneda. La designación de un nuevo CEO, por ejemplo, puede llevar a un cambio en la estrategia de la empresa y, por ende, a una modificación en el valor de la moneda del país donde la empresa está ubicada. La competencia entre empresas también es un factor a considerar. La entrada de nuevos competidores en el mercado puede provocar una disminución en los precios y beneficios de las empresas existentes, afectando la demanda de la moneda. El rendimiento del sector inmobiliario también puede afectar al mercado Forex. Un auge en el sector inmobiliario puede dar lugar a un aumento en la construcción de propiedades y en la contratación de empresas de construcción, generando empleo e ingresos y, por ende, llevando a una apreciación de la moneda.

Por último, la estabilidad política del país también es un factor importante a considerar. Eventos como elecciones y crisis políticas pueden afectar el rendimiento de las empresas y, por ende, la demanda de la moneda. El análisis de los factores microeconómicos es esencial para aquellos que buscan entender las fluctuaciones del mercado Forex e identificar posibles oportunidades de inversión.

ANÁLISIS DE INDICADORES ECONÓMICOS

El análisis de indicadores económicos es una de las herramientas más importantes para comprender el mercado Forex y tomar decisiones de inversión informadas. Los indicadores económicos son estadísticas que reflejan el desempeño económico de un país o región y se pueden dividir en tres categorías principales: indicadores macroeconómicos, indicadores de mercado e indicadores sectoriales.

Los indicadores macroeconómicos incluyen estadísticas sobre la economía en general, como el Producto Interno Bruto (PIB), el Índice de Precios al Consumidor (IPC), el Índice de Precios al Productor (IPP), la Tasa de Desempleo y la Balanza Comercial. Estos indicadores ofrecen una visión amplia de la salud económica de un país y pueden afectar la tasa de cambio de la moneda.

Los indicadores de mercado, a su vez, son estadísticas que reflejan el rendimiento de mercados específicos, como el mercado de acciones y el mercado de materias primas. Ejemplos de indicadores de mercado incluyen el Índice Bovespa, el precio del petróleo y el precio del oro. El rendimiento de estos mercados puede afectar la moneda de un país, especialmente si el país es un gran productor de materias primas.

Los indicadores sectoriales son estadísticas que reflejan el rendimiento de sectores específicos de la economía, como el sector automotriz, el sector tecnológico y el sector inmobiliario. Estos indicadores ofrecen información sobre el rendimiento de empresas dentro de esos sectores y pueden afectar la demanda de la moneda de un país.

Un gran inversor generalmente utiliza una serie de indicadores macroeconómicos para analizar la salud económica de un país y tomar decisiones de inversión. Por ejemplo, el Producto Interno Bruto (PIB) es un indicador ampliamente utilizado para medir el desempeño económico general de un país. Un gran inversor puede analizar la tasa de crecimiento del PIB, así como la composición del PIB por sector, para evaluar la fuerza de la economía en diferentes áreas, como agricultura, industria y servicios.

Otro indicador ampliamente utilizado es la tasa de desempleo, que puede indicar la salud general del mercado laboral y la capacidad del país para sostener la demanda del consumidor. Además, el inversor puede evaluar la tasa de inflación para evaluar la estabilidad de precios y prever posibles movimientos futuros de la tasa de interés.

El inversor también puede analizar la balanza de pagos de un país, que registra las transacciones comerciales y financieras entre el país y el resto del mundo. Estos datos pueden proporcionar información valiosa sobre la capacidad del país para financiar sus importaciones y exportaciones, así como su posición en relación con otros países.

Otro indicador importante es la tasa de interés, que puede afectar los rendimientos de las inversiones en un país determinado. Un inversor puede monitorear las decisiones de política monetaria del banco central del país en cuestión, así como la inflación y otras condiciones económicas para prever cambios futuros en las tasas de interés.

Finalmente, un inversor puede evaluar el sentimiento del mercado a través de índices como el S&P 500 o el Dow

Jones Industrial Average. Estos índices pueden proporcionar información sobre el desempeño general del mercado de acciones y la confianza de los inversores en relación con la economía en general.

En cuanto a los indicadores de mercado, el inversor puede monitorear el volumen de operaciones de acciones en un mercado determinado para evaluar la actividad del mercado y determinar si hay una demanda significativa por ciertas acciones. Además, el inversor puede monitorear el rendimiento de sectores específicos del mercado, como tecnología, salud o energía, para identificar oportunidades de inversión en sectores específicos que puedan tener un rendimiento mejor que el mercado en general.

El inversor también puede evaluar los niveles de volatilidad del mercado, así como los niveles de riesgo y retorno esperados de diferentes tipos de inversiones. También es necesario evaluar la posición competitiva de empresas individuales dentro del mercado y realizar análisis fundamentales para determinar el valor intrínseco de las acciones de una empresa.

Al utilizar una variedad de indicadores de mercado, el inversor puede tomar decisiones de inversión informadas y maximizar sus rendimientos financieros. Es necesario utilizar los indicadores sectoriales para evaluar el rendimiento de un sector específico de la economía y tomar decisiones de inversión más informadas.

Por ejemplo, si un inversor está interesado en el sector tecnológico, puede analizar el desempeño financiero de las empresas líderes de ese sector, como Apple, Amazon, Google y Facebook, para evaluar el potencial de crecimiento y el riesgo de inversión. Considere evaluar varios indicadores sectoriales, como ingresos, márgenes de beneficio, precios de las acciones, flujo de efectivo libre y tendencias de crecimiento.

Además, el inversor puede comparar el rendimiento de una empresa con otras empresas del mismo sector o del mercado en general para evaluar su posición competitiva. Por ejemplo, si un inversor está interesado en el sector de energía renovable, puede analizar el crecimiento de los ingresos y la tendencia de beneficios de las empresas líderes de ese sector, así como la adopción de energía renovable por parte de los gobiernos y la demanda de los consumidores. También puede analizar los precios de las materias primas relacionadas, como el precio del petróleo, y cómo esto puede afectar el rendimiento de las empresas de energía renovable.

Además, el inversor puede evaluar los factores externos que pueden afectar el rendimiento del sector, como cambios en las políticas gubernamentales, desarrollos tecnológicos y la competencia. Estos factores pueden influir en la rentabilidad y perspectivas de crecimiento del sector, y, a su vez, afectar el desempeño de las empresas individuales.

En resumen, los indicadores sectoriales pueden proporcionar a los inversores información valiosa sobre el rendimiento financiero de una empresa en comparación con sus competidores y la salud general del sector. Esto puede ayudar al inversor a tomar decisiones de inversión más informadas y maximizar sus rendimientos.

"Los mercados financieros tienen la capacidad de anticipar eventos económicos antes de que ocurran, lo que puede ayudar a guiar nuestras decisiones de inversión." - **George Soros**

ANÁLISIS DE TASAS DE INTERÉS

L a tasa de interés es uno de los principales indicadores económicos que los inversores utilizan para evaluar la salud de la economía y tomar decisiones de inversión informadas. En este capítulo, discutiremos cómo el análisis de tasas de interés puede ser utilizado para ayudar a prever las tendencias del mercado financiero y tomar decisiones de inversión inteligentes. La tasa de interés puede definirse como el costo del dinero prestado o el rendimiento sobre el dinero prestado. Es establecida por el banco central de un país y afecta directamente el costo de los préstamos para empresas e individuos, así como la rentabilidad de las inversiones en bonos de deuda gubernamental. Cuando la tasa de interés está baja, es más barato tomar préstamos y las inversiones en bonos de deuda gubernamental generan retornos menores, mientras que una tasa de interés alta tiene el efecto contrario.

El análisis de tasas de interés implica el estudio de los cambios en las tasas de interés a lo largo del tiempo y su relación con otros indicadores económicos, como la inflación, el crecimiento económico y la política monetaria. Por ejemplo, un aumento en la tasa de interés puede indicar que el banco central está tratando de contener la inflación, mientras que una reducción en la tasa de interés puede indicar que el banco central está tratando de estimular el crecimiento económico.

Los inversores pueden utilizar el análisis de tasas de interés para prever las tendencias del mercado financiero y tomar decisiones de inversión informadas. Por ejemplo, si la tasa de interés está en alza, puede ser ventajoso invertir en bonos de deuda gubernamental a corto plazo para aprovechar los altos rendimientos. Sin embargo, si la tasa de interés está baja, puede ser más ventajoso invertir en bonos de deuda gubernamental a largo plazo, que ofrecen retornos más altos.

Además, los inversores pueden utilizar el análisis de tasas de interés para evaluar la salud de la economía en general. Por ejemplo, si la tasa de interés está baja y el crecimiento económico es fuerte, esto puede indicar que la economía está en un período de expansión. Sin embargo, si la tasa de interés está alta y el crecimiento económico es débil, esto puede indicar que la economía está en un período de desaceleración.

Finalmente, los inversores también deben considerar la política monetaria del banco central al analizar las tasas de interés. Por ejemplo, si el banco central está adoptando una política monetaria expansiva, reduciendo las tasas de interés e inyectando dinero en la economía, esto puede indicar un entorno favorable para inversiones de mayor riesgo, como acciones y bonos corporativos. Por otro lado, si el banco central está adoptando una política monetaria restrictiva, aumentando las tasas de interés y retirando dinero de la economía, puede ser más seguro invertir en activos de menor riesgo, como bonos de deuda gubernamental.

Un ejemplo interesante de cómo el análisis de tasas de interés puede afectar al mercado Forex es el caso del operador Andy Krieger.

En 1987, Krieger trabajaba para el Bankers Trust cuando se enteró de que el gobierno de Nueva Zelanda pretendía limitar la cantidad de moneda en circulación para combatir la inflación.

Krieger creía que esta medida resultaría en una sobrevaloración del dólar neozelandés (NZD) en comparación con el dólar estadounidense (USD) y decidió actuar rápidamente. Convenció al Bankers Trust de otorgarle un capital de 700 millones de dólares para especular en la moneda neozelandesa, y en solo dos semanas, Krieger logró generar una ganancia de 300 millones de dólares, provocando una rápida caída del valor del NZD en relación con el USD.

Lo que hizo este negocio tan sorprendente fue la escala de la inversión y el uso agresivo del apalancamiento para obtener beneficios. Krieger compró la mayoría de las posiciones con un apalancamiento de 400:1, lo que significa que arriesgaba 400 dólares en capital de margen por cada dólar invertido. Este tipo de operaciones de alto riesgo son inusuales en el mercado Forex, pero Krieger utilizó su análisis de tasas de interés para identificar una oportunidad única.

Esta historia ilustra cómo el análisis de tasas de interés puede ser un factor crucial en la toma de decisiones comerciales en el mercado Forex. Al evaluar las políticas monetarias de diferentes países, los operadores pueden anticipar movimientos de precios y tomar decisiones informadas sobre cómo invertir su capital. Por supuesto, es importante recordar que el comercio de divisas implica riesgos significativos, y incluso los operadores más experimentados a veces experimentan pérdidas significativas.

*"Me di cuenta de que había una oportunidad única para ganar una gran cantidad de dinero muy rápidamente, y estaba dispuesto a asumir el riesgo". - **Andy Krieger***

ANÁLISIS DE BALANCES COMERCIALES Y PRESUPUESTOS

La análisis de balances comerciales y presupuestos es una herramienta importante para evaluar la salud financiera de un país y la sostenibilidad de su economía. Los balances comerciales muestran el saldo entre las exportaciones e importaciones de un país, mientras que los presupuestos muestran los ingresos y gastos del gobierno. Ambos indicadores son cruciales para comprender la situación económica de un país y tomar decisiones de inversión informadas.

La análisis de balances comerciales es fundamental porque puede ayudar a entender la competitividad de un país en relación con otros. Si un país está exportando más de lo que importa, puede considerarse competitivo y saludable. Por otro lado, si un país importa más de lo que exporta, puede considerarse menos competitivo y más vulnerable a los choques externos.

La análisis de presupuestos gubernamentales es esencial porque puede ayudar a evaluar la capacidad del gobierno para financiar sus actividades y proyectos. Si un gobierno gasta más de lo que recauda, puede enfrentar problemas financieros y tener dificultades para financiar proyectos de infraestructura y programas sociales. Por otro lado, si un gobierno recauda más de lo que gasta, se le puede considerar financieramente responsable y capaz de invertir en proyectos que beneficien a la economía.

Además, la análisis de balances comerciales y presupuestos puede ayudar a los inversionistas a evaluar el riesgo de invertir en un país específico. Si un país enfrenta déficits comerciales o presupuestarios crecientes, puede considerarse más arriesgado para los inversionistas. Por otro lado, si un país presenta superávits comerciales y presupuestarios, puede considerarse menos arriesgado.

Los inversionistas también pueden utilizar la análisis de balances comerciales y presupuestos para identificar sectores de la economía que puedan beneficiarse o ser afectados por cambios en estas métricas. Por ejemplo, un superávit comercial puede indicar que las empresas exportadoras de un país pueden beneficiarse, mientras que un déficit comercial puede indicar que las empresas importadoras pueden verse afectadas negativamente.

En resumen, la análisis de balances comerciales y presupuestos es una herramienta valiosa para evaluar la salud financiera de un país y tomar decisiones de inversión informadas. Puede ayudar a los inversionistas a comprender la competitividad de un país, la capacidad del gobierno para financiar proyectos, el riesgo de inversión y a identificar sectores que puedan beneficiarse o ser afectados por cambios en estas métricas.

Hubo un caso notorio en 1992, conocido como "Miércoles Negro", en el que el inversor George Soros ganó alrededor de 1 mil millones de dólares en un solo día. Lo hizo apostando contra la libra esterlina británica, que en ese momento estaba vinculada al Mecanismo de Tipos de Cambio Europeo (MTC).

Soros comenzó su movimiento contra la libra esterlina

cuando el Reino Unido luchaba por mantener la tasa de cambio de la libra dentro del MTC, mientras las tasas de interés estaban subiendo. Soros creía que la tasa de cambio era insostenible y que el gobierno británico tendría que devaluar la libra esterlina.

Comenzó a apostar contra la libra, primero vendiendo acciones británicas y luego vendiendo la propia moneda. Para hacer esto, tomó prestadas grandes cantidades de libras esterlinas, las convirtió en otras monedas y esperó a que la libra cayera, para luego recomprarla a un precio más bajo.

Cuando finalmente la libra se devaluó en comparación con otras monedas, Soros compró libras nuevamente con las otras monedas que había comprado y las devolvió, ganando una enorme cantidad de dinero. Soros se benefició del análisis de balances comerciales y presupuestos del Reino Unido, que indicaban una creciente presión sobre la tasa de cambio de la libra esterlina.

Combinó este análisis con la tendencia macroeconómica y las noticias actuales, lo que le permitió realizar una apuesta exitosa contra la libra esterlina. Esta jugada financiera convirtió a Soros en una de las personas más ricas del mundo y fue un ejemplo notable de cómo el análisis de balances comerciales y presupuestos puede usarse para obtener grandes ganancias en los mercados financieros.

*"Los números no mienten." - **Jamie Dimon, CEO de JPMorgan Chase**, destacando la importancia del análisis de balances comerciales y presupuestos en la toma de decisiones financieras.*

ANÁLISIS DE DESEMPLEO E INFLACIÓN

La evaluación del desempleo y la inflación constituye una parte fundamental del análisis del mercado de divisas desde una perspectiva fundamental. Ambos indicadores pueden tener un impacto significativo en la economía de un país y, por ende, en el valor de su moneda. En este capítulo, exploraremos la relación entre el desempleo y la inflación, así como la manera en que estos indicadores pueden utilizarse para anticipar las tendencias del mercado de divisas.

El desempleo se erige como un indicador clave de la salud económica de un país. A medida que la tasa de desempleo disminuye, aumenta la demanda de bienes y servicios, lo que puede resultar en un aumento de la inflación. Por otro lado, cuando la tasa de desempleo es elevada, la demanda de bienes y servicios disminuye, lo que podría conducir a una deflación.

Los operadores de divisas pueden emplear los datos de desempleo para anticipar las tendencias futuras de inflación y, consecuentemente, tomar decisiones de negociación informadas. El inversionista puede utilizar la tasa de desempleo como una herramienta para realizar operaciones significativas en el mercado de divisas. Por ejemplo, si la tasa de desempleo de un país está en descenso, podría interpretarse como una señal de que la economía se está recuperando y la demanda de la moneda de ese país podría aumentar. En este caso, un inversionista podría optar por comprar la moneda de dicho país antes de que su valor se incremente.

Por otro lado, si la tasa de desempleo de un país está en alza, esto puede indicar una economía débil e inestable, lo que podría llevar a una caída en el valor de la moneda de dicho país. En este caso, un inversor podría optar por vender la moneda de ese país antes de que su valor disminuya aún más. Además, es importante recordar que la tasa de desempleo puede afectar a diferentes sectores de la economía de manera distinta. Por ejemplo, una tasa de desempleo elevada puede provocar una disminución en la demanda de bienes y servicios, afectando negativamente a empresas de venta al por menor y turismo. Por otro lado, sectores como la tecnología y la salud pueden verse menos afectados por la tasa de desempleo. Por lo tanto, al analizar la tasa de desempleo, es crucial tener en cuenta el impacto que puede tener en distintos sectores de la economía y tomar decisiones de trading basadas en este análisis exhaustivo.

La inflación es otro indicador crítico que afecta la economía de un país y, por ende, el mercado de divisas (forex). La inflación ocurre cuando hay un aumento generalizado en los precios de bienes y servicios en una economía. Cuando la inflación es alta, el poder adquisitivo de la moneda disminuye, lo que puede llevar a una depreciación de la moneda en comparación con otras monedas extranjeras. Los traders de forex pueden utilizar datos de inflación para prever tendencias futuras y tomar decisiones de negociación basadas en estas previsiones. Si la tasa de inflación en un país está aumentando, los traders pueden anticipar que el banco central del país podría aumentar las tasas de interés para controlar la inflación. Esto podría resultar en una apreciación de la moneda de ese país frente a otras monedas. Por otro lado, si la tasa de inflación en un país es baja, los traders pueden anticipar que el banco central podría reducir las tasas de interés para estimular el crecimiento económico. Esto podría llevar a una depreciación de la moneda de ese país en comparación con otras monedas.

Además, la inflación puede afectar a diferentes sectores de la economía de manera dispar. Por ejemplo, en períodos de alta inflación, los sectores de commodities, como el petróleo y el oro, podrían beneficiarse, ya que los precios de estos productos tienden a aumentar durante momentos inflacionarios. Por otro lado, sectores como el comercio minorista y la propiedad inmobiliaria podrían verse afectados negativamente, ya que los precios al consumidor podrían aumentar y la demanda de propiedades podría disminuir. Los traders pueden emplear una variedad de indicadores para monitorear la inflación, incluyendo el índice de precios al consumidor (IPC), el índice de precios al productor (IPP) y el índice de precios de commodities (IPC). También pueden seguir las políticas del banco central y los informes económicos, como el informe de inflación, para obtener una visión más completa de la economía y tomar decisiones de inversión más informadas. El análisis conjunto del desempleo y la inflación también puede ayudar a los traders a comprender la relación entre estos dos indicadores. Por ejemplo, si la tasa de desempleo es baja pero la inflación es alta, esto podría indicar presiones inflacionarias. Por otro lado, si la tasa de desempleo es alta y la inflación es baja, esto podría indicar una situación de deflación.

Un ejemplo de inversor que utilizó el análisis de las tasas de desempleo e inflación para realizar una gran operación en el mercado forex es Paul Tudor Jones. En 1987, Jones predijo correctamente que la Reserva Federal (banco central de los Estados Unidos) reduciría las tasas de interés para combatir la creciente inflación en el país. Realizó una gran apuesta en contra del dólar estadounidense y a favor del mercado de bonos del Tesoro, que se beneficiaría de la disminución

de las tasas de interés. Jones también observó la tasa de

desempleo en ese momento, que estaba en declive, como un indicador de que la economía se estaba recuperando y que los precios podrían subir aún más. Colocó una gran parte de su fondo en la apuesta contra el dólar estadounidense y terminó obteniendo más del 200% de beneficio con el movimiento.

La estrategia de Jones se basó en el análisis de indicadores macroeconómicos, incluyendo la tasa de desempleo y la inflación. Utilizó esta información para prever las acciones de la Reserva Federal y realizar una apuesta en contra del dólar estadounidense. Su análisis cuidadoso y su valentía al poner una gran parte de su fondo en la apuesta le llevaron a obtener grandes ganancias en el mercado forex.

"Creo que la inflación es como el viento. No puedes verla, pero puedes sentirla" - **Paul Tudor Jones**

ANÁLISIS DE EVENTOS POLÍTICOS Y GEOPOLÍTICOS

Los eventos políticos y geopolíticos son factores clave que influyen en el mercado Forex. Pueden generar inestabilidad económica en un país y, por ende, afectar el valor de su moneda en relación con otras monedas. Un evento político o geopolítico puede ser una elección presidencial, un conflicto militar, sanciones económicas, tratados comerciales y mucho más.

Es importante destacar que no todos los eventos políticos o geopolíticos afectan al mercado Forex de la misma manera. Algunos eventos pueden ser más significativos que otros. Además, la análisis de estos eventos debe realizarse en conjunto con otros análisis.

Un ejemplo claro de un evento político que afectó al mercado Forex fue la elección presidencial de Estados Unidos en 2016. La victoria inesperada de Donald Trump causó una gran incertidumbre en el mercado y llevó a una caída inmediata en el valor del dólar estadounidense. Además, la política económica y comercial de Trump afectó las tasas de cambio del dólar en relación con otras monedas.

Otro ejemplo es el Brexit, la salida del Reino Unido de la

Unión Europea. El proceso de negociación y la incertidumbre en torno a él causaron grandes fluctuaciones en la libra esterlina en relación con otras monedas. La incertidumbre política y económica del Brexit aún continúa influyendo en el mercado Forex.

Las tensiones geopolíticas también pueden afectar al mercado Forex. Por ejemplo, el conflicto entre Estados Unidos e Irán en enero de 2020 llevó a un aumento en los precios del petróleo, lo que a su vez afectó el valor de algunas monedas.

Además, los tratados comerciales también pueden influir en el mercado Forex. Por ejemplo, la renegociación del Tratado de Libre Comercio de América del Norte (TLCAN) entre Estados Unidos, Canadá y México tuvo un impacto significativo en las tasas de cambio de estos países.

Cuando hay un conflicto armado en un país, puede haber impactos significativos en el mercado cambiario. La volatilidad puede aumentar y el valor de la moneda puede fluctuar considerablemente. Por lo tanto, un trader de forex debe estar atento a las noticias y eventos relacionados con países en guerra para identificar oportunidades de negociación.

Una de las principales cosas a las que un trader debe prestar atención es la duración del conflicto y sus implicaciones políticas. El prolongamiento del conflicto puede afectar la estabilidad del gobierno y las perspectivas de crecimiento económico.

Otro aspecto importante a considerar es la participación de otros países en el conflicto. Si hay intervención de países poderosos, como Estados Unidos o Rusia, por ejemplo, esto puede tener un impacto significativo en el mercado cambiario, ya que la acción de estos países puede afectar la geopolítica global y generar inestabilidad en otras regiones.

Los traders también deben prestar atención a los efectos humanitarios del conflicto, como el desplazamiento de personas y la interrupción del comercio. Estos factores pueden afectar la economía del país en cuestión y tener un impacto en la moneda.

Es importante que los traders de forex consideren las expectativas del mercado con respecto a un país en guerra. El mercado puede haber incorporado ya el conflicto, y el impacto potencial en la moneda puede ser limitado. Por lo tanto, es crucial que el trader esté al tanto de la situación actual y considere la posibilidad de sorpresas o cambios inesperados que puedan afectar el mercado cambiario.

◆ ◆ ◆

Michael Marcus es uno de los legendarios traders que inició su carrera en la década de 1970 y se convirtió en uno de los mejores operadores de todos los tiempos. Construyó su fortuna negociando en diversas materias primas y en el mercado Forex.

En la década de 1980, Marcus llevó a cabo una operación significativa basada en su análisis político y geopolítico. Anticipó que la economía japonesa se vería afectada por la devaluación del dólar estadounidense, en gran parte debido a la política económica del gobierno de los Estados Unidos.

Marcus observó que la economía japonesa estaba altamente vinculada a las exportaciones y que la devaluación del dólar estadounidense haría que los productos japoneses fueran más costosos para los compradores internacionales. Además, predijo que el gobierno japonés intervendría en el mercado de divisas para proteger la economía, lo que conduciría a una depreciación del yen.

Basándose en este análisis, Marcus decidió vender yenes japoneses y comprar dólares estadounidenses. Abrió una posición corta en el par de divisas USD/JPY y esperó. La decisión de Marcus fue acertada: la intervención del gobierno japonés en el mercado de divisas resultó en una caída del valor del yen japonés, mientras que el dólar estadounidense se apreció.

Al final del día, Marcus triplicó su capital, convirtiendo una posición inicial de $30,000 en más de $90,000. Este fue un gran éxito para Marcus, quien continuó teniendo una exitosa carrera en el mercado Forex durante muchos años.

La historia de Marcus es un ejemplo de cómo el análisis político y geopolítico puede ser útil para los traders de Forex. Comprender los eventos políticos y las relaciones internacionales puede ayudar a los traders a prever las tendencias del mercado y tomar decisiones de negociación informadas.

ANÁLISIS DE INFORMES DE INFLACIÓN

Los informes de inflación son uno de los principales indicadores económicos que los traders de Forex utilizan para prever la dirección de los mercados. Son divulgados por bancos centrales y otras agencias gubernamentales, proporcionando información sobre la tasa de inflación en una región o país específico. En este capítulo, exploraremos cómo se producen estos informes y cómo interpretarlos correctamente.

Los informes de inflación son elaborados por instituciones gubernamentales responsables de la política monetaria, como el banco central de un país. Estas instituciones tienen como objetivo monitorear y controlar la inflación para garantizar la estabilidad económica. Para elaborar un informe de inflación, se recopilan datos sobre precios de bienes y servicios en diferentes sectores de la economía. Estos datos se recopilan mediante encuestas de precios en tiendas, supermercados, gasolineras y otros establecimientos. También se recopilan datos sobre la oferta y demanda de productos, así como información sobre el mercado laboral y el rendimiento de la economía en su conjunto.

Con base en esta información, es posible calcular el

índice de precios al consumidor (IPC) y otros indicadores de inflación, como el Índice General de Precios (IGP) y el Índice Nacional de Precios al Consumidor (INPC). Estos indicadores se divulgan periódicamente en informes de inflación, los cuales son fundamentales para que los traders e inversores evalúen las condiciones económicas y tomen decisiones de inversión.

Los informes de inflación también pueden incluir proyecciones futuras para la inflación basadas en diferentes escenarios económicos. Estas proyecciones se basan en modelos económicos que tienen en cuenta variables como la tasa de interés, el crecimiento económico y las políticas gubernamentales. Las proyecciones de inflación son esenciales para los traders a corto plazo, ya que pueden afectar la política monetaria de un país y, en consecuencia, las tasas de interés y el tipo de cambio.

La análisis de informes de inflación es una estrategia comúnmente utilizada por traders que buscan operar a corto plazo en el mercado Forex. A continuación, se presentan los pasos para realizar este análisis:

Encuentre la fecha de divulgación del informe de inflación: Esta información se puede encontrar en un calendario económico, disponible en varios sitios especializados en análisis de mercado.

Elija un par de divisas: Seleccione un par de divisas que se vea afectado por el informe de inflación. Por ejemplo, si el informe trata sobre la inflación en los Estados Unidos, el par USD/JPY podría ser una opción adecuada.

Analice las previsiones del mercado: Antes de la divulgación del informe, es común que expertos y analistas hagan predicciones sobre los datos que se divulgarán. Analice estas previsiones para tener una idea de qué esperar.

Compare las previsiones con los datos divulgados: Tan pronto como se divulgue el informe, compare las previsiones del mercado con los datos reales divulgados. Si hay una diferencia significativa entre los números, esto podría indicar oportunidades de trading.

Identifique las reacciones del mercado: Observe cómo reacciona el mercado ante los datos divulgados. Si el resultado del informe es mejor de lo esperado, la moneda puede valorizarse. Si es peor de lo esperado, la moneda puede devaluarse.

Ingrese al mercado: Basándose en el análisis de las previsiones y los datos divulgados, y en la observación de las reacciones del mercado, decida si debe entrar en una posición de compra (largo) o venta (corto) en el par de divisas elegido.

Gestione su riesgo: Como en cualquier operación en el mercado Forex, es importante gestionar su riesgo. Utilice herramientas como el stop loss y el take profit para minimizar sus pérdidas y maximizar sus ganancias.

ANÁLISIS DE DATOS DE PRODUCCIÓN INDUSTRIAL

La producción industrial es un indicador crucial de la economía de un país, por lo que recibe mucha atención por parte de traders e inversores. El análisis de datos de producción industrial puede ser útil para prever cambios en el mercado financiero y tomar decisiones de inversión más informadas.

En este capítulo, exploraremos cómo el análisis de datos de producción industrial puede utilizarse para operar en el mercado forex. La producción industrial se refiere a la fabricación de bienes manufacturados y se considera un indicador importante del crecimiento económico de un país.

Los datos de producción industrial son recopilados por agencias gubernamentales u organizaciones privadas e incluyen información sobre la producción de bienes duraderos y no duraderos, la producción por sector y la producción por región. Para analizar estos datos, un trader puede seguir las tendencias a lo largo del tiempo y compararlas con los datos de otros países o regiones.

Además, los traders también pueden analizar los datos de producción industrial junto con otros indicadores económicos como el PIB, la inflación y las tasas de interés. Esta combinación de análisis puede ayudar a identificar oportunidades de inversión.

Por ejemplo, si la producción industrial de un país está aumentando, puede indicar una economía en crecimiento, lo que podría ser un buen momento para invertir en empresas de ese país. Por otro lado, si la producción industrial está en declive, puede señalar una desaceleración económica y ser una señal para que los traders reduzcan sus inversiones.

El análisis de datos de producción industrial también puede ser útil para prever cambios futuros en la economía. Si los datos muestran un declive, esto podría indicar una inminente recesión económica, permitiendo que los traders se preparen para futuras fluctuaciones del mercado.

Además, este tipo de análisis puede ayudar a los traders a identificar tendencias en sectores específicos de la economía. Por ejemplo, si la producción industrial está aumentando en el sector tecnológico, podría indicar un crecimiento futuro para empresas tecnológicas, siendo una señal para que los traders inviertan en acciones de estas empresas.

En resumen, el análisis de datos de producción industrial proporciona información valiosa para traders e inversores. Permite prever cambios en la economía e identificar oportunidades de inversión. Es esencial recordar que este análisis debe utilizarse junto con otras informaciones e indicadores económicos para tomar decisiones de inversión informadas y exitosas.

◆ ◆ ◆

En 2010, el gobierno chino anunció un plan para reducir la producción de acero en un esfuerzo por disminuir la contaminación y reequilibrar la economía. El plan implicó el cierre de varias plantas siderúrgicas en todo el país, lo que impactó significativamente la producción industrial.

Un comerciante de productos básicos llamado David Donora vio una oportunidad para obtener ganancias con la caída en la producción de acero en China. Comenzó a monitorear los datos de producción industrial de China y notó una tendencia a la baja en la producción de acero. Decidió vender contratos futuros de acero, apostando a que el precio caería debido a la disminución de la demanda.

La estrategia de Donora funcionó, y obtuvo grandes beneficios con la caída del precio del acero. Pudo prever la tendencia a la baja basándose en su análisis cuidadoso de los datos de producción industrial de China. Donora siguió de cerca los datos de producción industrial de China y ajustó su estrategia según los cambios en los números. En última instancia, logró aumentar significativamente sus beneficios con el tiempo.

Esta historia ilustra la importancia de analizar los datos de producción industrial en mercados como el de productos básicos, donde la oferta y la demanda son factores clave que influyen en los precios. Al comprender los datos de producción industrial, un comerciante puede prever tendencias de oferta y demanda y realizar operaciones más informadas en el mercado.

"Sin producción, la economía no puede crecer. Sin crecimiento, la economía no puede desarrollarse. Y sin desarrollo, la economía no puede prosperar." - **Julian Simon.**

ANÁLISIS DE INDICADORES SECTORIALES

L os indicadores sectoriales son elaborados por diversas entidades, como asociaciones industriales, agencias gubernamentales, empresas de investigación y consultoría, entre otras. Estos indicadores proporcionan información específica sobre el rendimiento de un sector económico, ya sea agrícola, industrial, de servicios, entre otros.

Para elaborar estos indicadores, las entidades suelen recopilar datos de empresas del sector en cuestión, como producción, ventas, empleo, inversiones, precios, entre otros. Estos datos se procesan y analizan para obtener indicadores que representen el rendimiento del sector en su conjunto. La divulgación de estos indicadores puede ser mensual, trimestral o anual, dependiendo de la entidad que los genere.

Entre los indicadores sectoriales más conocidos se encuentran el Índice de Precios al Productor (IPP), el Índice de Precios al Consumidor (IPC), el Índice de Actividad Económica del Banco Central (IBC-Br), el Índice de Confianza de la Industria (ICI), entre otros. Cada uno de estos indicadores proporciona información crucial sobre el desempeño de un sector económico específico, permitiendo el análisis y la toma de decisiones por parte de inversores, empresarios y gobernantes.

El análisis de indicadores sectoriales puede ayudar a los inversores a identificar qué sectores están superando o quedando rezagados en comparación con el mercado en general. Por ejemplo, si la producción industrial de un sector específico está aumentando mientras otros sectores están en declive, esto podría indicar que dicho sector se está desempeñando mejor que los demás.

Los inversores también pueden utilizar el análisis de indicadores sectoriales para identificar tendencias en el mercado. Si varios sectores muestran signos de desaceleración, podría ser un indicio de que la economía en general está comenzando a desacelerar también. Por otro lado, si varios sectores están experimentando un crecimiento sólido, podría señalar un mercado alcista.

Al analizar los indicadores sectoriales, es importante tener en cuenta otros factores que puedan afectar el rendimiento de un sector específico. Cambios en las políticas gubernamentales, fluctuaciones cambiarias y eventos económicos internacionales pueden tener un impacto significativo en los sectores económicos.

Los inversores pueden utilizar el análisis de indicadores sectoriales para tomar decisiones informadas sobre en qué sectores invertir o evitar. Por ejemplo, si un sector específico muestra un crecimiento sólido y tiene una perspectiva positiva, un inversor podría optar por asignar una parte de sus inversiones en ese sector. Sin embargo, es importante recordar que el análisis de indicadores sectoriales no es infalible y no debe ser la única base para tomar decisiones de inversión.

En resumen, el análisis de indicadores sectoriales es una herramienta valiosa para evaluar el rendimiento de un sector específico de la economía. Al considerar este análisis, los inversores pueden identificar tendencias, anticipar cambios en el mercado y tomar decisiones informadas sobre en qué sectores invertir o evitar. No obstante, es esencial tener en cuenta otros factores que puedan afectar el rendimiento de un sector específico y no depender exclusivamente de los indicadores sectoriales para tomar decisiones de inversión.

◆ ◆ ◆

Hubo un caso famoso en 2017 en el que un operador de materias primas llamado Andrew Cosgrove realizó una gran operación basada en el análisis de indicadores sectoriales. Cosgrove trabajaba en la casa de comercio estadounidense Whitehall Group y, a mediados de 2017, comenzó a notar una fuerte demanda de mineral de hierro en China, lo que impulsaba los precios.

Cosgrove comenzó a investigar las razones detrás de esta demanda y descubrió que la producción de acero en China estaba aumentando rápidamente gracias a un programa de inversiones en infraestructura del gobierno. Luego analizó los indicadores sectoriales relacionados con la producción de acero, como las ventas de carbón a las acerías, y notó que estaban creciendo rápidamente.

Basándose en su análisis, Cosgrove realizó una gran operación en futuros de mineral de hierro, apostando a que los precios seguirían subiendo. Su apuesta resultó acertada y obtuvo un beneficio significativo para la Whitehall Group. Esta historia muestra la importancia del análisis de indicadores sectoriales en la toma de decisiones comerciales. Al observar las tendencias en sectores específicos, es posible identificar oportunidades de inversión y prever tendencias de precios antes de que sean evidentes para otros inversores.

"No hay almuerzo gratis". **Esta frase de Milton Friedman se cita a menudo como una advertencia de que las políticas gubernamentales que benefician a un sector o grupo específico pueden tener costos ocultos o efectos negativos no deseados en otros sectores o en la economía**

en su conjunto.

ANÁLISIS DE INFORMES DE INGRESOS CORPORATIVOS

L os informes de ingresos corporativos proporcionan información crucial sobre el rendimiento financiero de una empresa. Contienen datos sobre las ventas, ingresos y ganancias de la empresa durante un periodo específico. Estos informes son una fuente valiosa de información para inversores y operadores, ya que ayudan a evaluar el valor de una empresa y su capacidad para generar beneficios. Las empresas producen estos informes trimestral y anualmente.

Ofrecen detalles sobre las ventas totales, ingresos, costos y ganancias, junto con el análisis de indicadores financieros clave como margen de beneficio, retorno sobre el patrimonio neto y flujo de efectivo. Los inversores utilizan los informes de ingresos corporativos para evaluar el desempeño de una empresa en comparación con sus competidores y la industria en general, así como para determinar si la empresa está creciendo o declinando.

Si una empresa informa ingresos y ganancias superiores a lo esperado, esto puede aumentar la confianza de los inversores y elevar su valor de mercado. Los operadores de forex también emplean estos informes para tomar decisiones de negociación. Si una empresa informa un rendimiento financiero mejor de lo esperado, sus acciones pueden aumentar, lo que puede tener un impacto positivo en la moneda del país donde está ubicada. Por otro lado, si la empresa informa un rendimiento peor de lo esperado, sus acciones pueden caer, generando un impacto negativo en la moneda del país de origen.

Los operadores también prestan atención a las perspectivas futuras de las empresas, generalmente discutidas en los informes de ingresos corporativos. Si la empresa tiene una perspectiva positiva, los operadores pueden sentirse más seguros en sus posiciones de negociación, anticipando un mejor rendimiento financiero en el futuro.

Sin embargo, es importante destacar que los informes de ingresos corporativos no siempre son una indicación precisa del desempeño financiero de una empresa. Las empresas pueden emplear técnicas contables para aumentar sus ingresos u ocultar deudas y pasivos, lo que podría afectar negativamente al valor de la empresa en el futuro.

El análisis de informes de ingresos corporativos constituye una parte fundamental del análisis fundamental en el mercado forex. Inversores y operadores utilizan estos informes para evaluar el desempeño financiero

de las empresas y tomar decisiones de negociación. No obstante, es esencial ser consciente de las limitaciones de los informes y emplear otras fuentes de información para realizar un análisis completo y preciso.

❖ ❖ ❖

A continuación se presenta un paso a paso sobre cómo un trader de forex puede analizar los informes de ingresos corporativos:

Seleccionar las empresas a analizar: el trader debe elegir las empresas cuyos informes de ingresos serán analizados. Es importante seleccionar empresas que operen en el sector de interés del trader.

Recopilar los informes financieros: el trader debe recopilar los informes financieros de la empresa, que incluyen el balance, la cuenta de resultados y el flujo de efectivo.

Analizar los ingresos: el trader debe examinar los ingresos de la empresa a lo largo del tiempo, comparándolos con los ingresos de otras empresas en el mismo sector. Esto ayudará a identificar tendencias y patrones en los ingresos.

Analizar los costos: el trader debe analizar los costos de la empresa, incluyendo los costos de producción y los gastos operativos. Esto ayudará a determinar el margen de beneficio de la empresa y su eficiencia operativa.

Analizar las ganancias: el trader debe examinar las ganancias de la empresa a lo largo del tiempo, comparándolas con las ganancias de otras empresas en el mismo sector. Esto ayudará a identificar tendencias y patrones en las ganancias.

Analizar la posición de efectivo: el trader debe analizar la posición de efectivo de la empresa, incluyendo el flujo de efectivo operativo y el flujo de efectivo libre. Esto ayudará a determinar si la empresa tiene suficiente dinero para invertir en proyectos futuros o pagar dividendos a los accionistas.

Analizar las proyecciones de la empresa: el trader debe analizar las proyecciones de la empresa, que son predicciones de cómo la empresa espera que se desarrollen sus ingresos y ganancias en el futuro. Esto puede ayudar a identificar oportunidades de inversión.

Analizar la competencia: el trader debe analizar la competencia de la empresa, incluyendo otras empresas en el mismo sector y aquellas que ofrecen productos o servicios similares. Esto ayudará a determinar la posición de la empresa en el mercado y su capacidad para competir con otras empresas.

Analizar los riesgos: el trader debe analizar los riesgos que la empresa enfrenta, incluyendo riesgos regulatorios, riesgos de mercado y riesgos operativos. Esto ayudará a determinar si la empresa es una inversión segura.

Tomar decisiones de inversión: basándose en el análisis de los informes de ingresos corporativos.

ANÁLISIS DE DATOS DEL RETAIL

Los datos del retail son generados por entidades gubernamentales encargadas de recopilar y analizar información relacionada con las ventas al por menor. En general, se llevan a cabo investigaciones con empresas del sector minorista, las cuales proporcionan información sobre sus ventas, precios y otros datos relevantes. En Estados Unidos, por ejemplo, el Departamento de Comercio produce los datos del retail y publica mensualmente el informe de ventas al por menor. La investigación se realiza con una muestra representativa de empresas del sector que ofrecen información sobre sus ventas y precios. En Brasil, por otro lado, el Instituto Brasileño de Geografía y Estadística (IBGE) produce los datos del retail a través de la Pesquisa Mensal de Comércio (PMC) en todo el país. La PMC se realiza con base en una muestra de empresas minoristas que proporcionan información sobre sus ventas y precios. La recopilación de datos del retail puede realizarse mediante diversas técnicas, como entrevistas con gerentes de tiendas, análisis de documentos fiscales y registros de ventas, entre otras. A partir de estos datos, se elaboran índices que permiten seguir la evolución de las ventas en el sector e identificar tendencias y cambios en el comportamiento del consumidor.

El análisis de datos del retail es una técnica importante en el análisis fundamental del mercado forex. Esto se debe a que las tendencias en el retail a menudo se perciben como indicativas del rendimiento económico general de un país. En este capítulo, exploraremos cómo los traders de forex pueden utilizar el análisis de datos del retail para tomar decisiones informadas en sus operaciones.

Paso 1: Encuentre fuentes confiables de datos del retail. Hay varias fuentes de datos del retail que los traders de forex pueden utilizar. Algunas de las más comunes incluyen el Índice de Ventas al por Menor (Retail Sales Index) y el Índice de Precios al por Menor (Retail Price Index). Estos datos suelen divulgarse mensualmente y se pueden obtener en sitios web de organizaciones gubernamentales, como el Bureau of Labor Statistics en Estados Unidos, o en instituciones financieras.

Paso 2: Analice las tendencias a largo plazo. Al analizar los datos del retail, es importante observar las tendencias a largo plazo. Esto se puede hacer comparando los datos de varios años y observando cómo han cambiado con el tiempo. Este análisis puede ayudar a identificar patrones y tendencias que se pueden utilizar para prever el rendimiento económico futuro.

Paso 3: Considere las variaciones estacionales. Los datos del retail pueden verse influenciados por variaciones estacionales, como las compras de fin de año o las ventas de regreso a clases. Es importante tener en cuenta estas variaciones al analizar los datos del retail. Una forma de hacerlo es comparar los datos con los mismos meses del año anterior.

Paso 4: Analice los datos del retail en relación con otros indicadores económicos. Los datos del retail se pueden usar junto con otros indicadores económicos, como la tasa de desempleo y los índices de precios. Este análisis puede ayudar a identificar patrones y tendencias más amplias en la economía.

Paso 5: Utilice el análisis técnico para confirmar sus conclusiones. Por último, los traders de forex pueden utilizar el análisis técnico para confirmar sus conclusiones sobre los datos del retail. Por ejemplo, si los datos del retail indican que la economía está creciendo, esto puede confirmarse mediante un aumento en los precios de las acciones y una disminución en las tasas de interés.

ANÁLISIS DE DATOS DE CRÉDITO

Los datos de crédito se generan a partir de información recopilada por organismos reguladores e instituciones financieras sobre préstamos y financiamientos otorgados a individuos y empresas. Esta información abarca el monto del préstamo, plazo, tasa de interés, morosidad, entre otros datos relevantes. Los organismos reguladores, como el Banco Central, recopilan y compilan estos datos para supervisar el sistema financiero y tomar medidas regulatorias si es necesario. Las instituciones financieras también utilizan estos datos para evaluar riesgos y tomar decisiones crediticias. Además, existen empresas especializadas en proporcionar datos de crédito, como las agencias de crédito, que recopilan información sobre el historial crediticio de individuos y empresas, incluyendo pagos atrasados y deudas pendientes. Esta información se utiliza para evaluar el riesgo al conceder préstamos y financiamientos. El análisis de datos de crédito es una herramienta importante utilizada por los operadores de Forex para evaluar la salud financiera de una empresa o país. Estos datos incluyen información sobre préstamos, morosidad, tasas de interés y otros indicadores financieros que afectan la disponibilidad y el costo del crédito.

Paso A Paso Para Analizar Datos De Crédito:

Recopilar los datos: El primer paso en el análisis de datos de crédito es recopilar la información relevante. Esto puede incluir datos sobre préstamos, tasas de interés, morosidad, historial crediticio y otros datos financieros.

Analizar tendencias: Después de recopilar los datos, es importante analizar las tendencias a lo largo del tiempo. Esto puede ayudar a identificar patrones y cambios en la salud financiera de una empresa o país.

Comprender las implicaciones de los datos: Es crucial entender las implicaciones de los datos de crédito. Por ejemplo, un aumento en la morosidad puede ser señal de que una empresa o país enfrenta dificultades financieras, lo que podría llevar a una caída en su moneda en el mercado Forex.

Comparar con otras fuentes: Es fundamental comparar los datos de crédito con otras fuentes, como informes económicos y noticias financieras, para obtener una visión más amplia de la salud financiera de una empresa o país.

Realizar proyecciones: Basándose en las tendencias e implicaciones de los datos de crédito, los operadores de Forex pueden realizar proyecciones sobre cómo la salud financiera de una empresa o país podría afectar los precios de las monedas en el mercado Forex.

Monitorear continuamente: El análisis de datos de crédito es un proceso continuo. Los operadores de Forex deben monitorear constantemente los datos y actualizar sus proyecciones a medida que se disponga de nueva información.

John Paulson, un exitoso gestor de fondos de cobertura, ganó renombre en 2007 cuando realizó una apuesta de miles de millones de dólares contra el mercado inmobiliario de los Estados Unidos. Utilizó análisis de datos de crédito para determinar que el mercado de hipotecas subprime estaba a punto de colapsar, lo cual finalmente sucedió y le generó grandes ganancias.

Sin embargo, la historia que voy a contar es sobre otro intercambio que realizó más tarde, también basado en el análisis de datos de crédito. En 2010, Paulson se dio cuenta de que las empresas del sector inmobiliario estaban enfrentando dificultades financieras y corrían el riesgo de incumplir. Utilizó datos de crédito para identificar empresas en peores condiciones financieras y decidió apostar en contra de ellas.

Su análisis resultó ser correcto, y estas empresas finalmente entraron en mora y declararon quiebra. Como resultado, Paulson obtuvo beneficios significativos con su apuesta en contra de estas empresas.

Esta historia ilustra cómo el análisis de datos de crédito puede ser una herramienta poderosa para tomar decisiones de trading en el mercado de divisas. A través de él, es posible evaluar el riesgo de incumplimiento de empresas y prever posibles quiebras, lo que permite al trader tomar decisiones informadas y rentables.

ANÁLISIS DE MONEDAS NACIONALES

Monedas nacionales son las monedas emitidas y utilizadas en un país específico, generalmente para transacciones comerciales y financieras dentro de ese país. Por ejemplo, el real es la moneda nacional de Brasil, el dólar estadounidense es la moneda nacional de los Estados Unidos, y así sucesivamente.

Las monedas internacionales, en cambio, son aquellas que son ampliamente aceptadas y utilizadas para transacciones internacionales, como el comercio y las inversiones. El dólar estadounidense, el euro, el yen japonés, la libra esterlina y el franco suizo son algunas de las monedas internacionales más comunes.

La diferencia fundamental entre ambas radica en la escala de utilización. Mientras que las monedas nacionales están limitadas a un país específico, las monedas internacionales se utilizan en transacciones entre países y se negocian en los mercados globales de divisas.

Los traders que operan con monedas nacionales en el mercado forex deben ser conscientes de que la tasa de corretaje cobrada por las corredoras puede ser más alta que para las monedas internacionales. Esto se debe a que la liquidez de las monedas nacionales puede ser menor que la de las monedas internacionales, lo que aumenta el riesgo de volatilidad y pérdida para las corredoras.

Por lo tanto, es importante que los traders consideren la tasa de corretaje y otros costos asociados a las operaciones con monedas nacionales, como impuestos y tasas de transacción, al determinar su estrategia de trading. Deben tener en cuenta no solo la rentabilidad potencial de la operación, sino también el costo total involucrado.

Además, los traders deben ser selectivos al elegir las corredoras con las que negocian monedas nacionales. Deben buscar corredoras con una buena reputación y regulación confiable para asegurarse de que sus fondos e información estén protegidos.

◆ ◆ ◆

Existen algunas diferencias significativas entre operar con monedas nacionales y monedas internacionales en el mercado de divisas. Algunas de las principales diferencias son:

Volatilidad: Las monedas nacionales tienden a ser más volátiles que las monedas internacionales, ya que las fluctuaciones en la economía local tienen un impacto directo en la tasa de cambio. Por lo tanto, los traders que operan con monedas nacionales deben estar preparados para manejar una mayor volatilidad y potencial de riesgo.

Diversificación: Las monedas internacionales ofrecen una oportunidad de diversificación de cartera, ya que se pueden utilizar para negociar con países en diferentes etapas económicas. En cambio, las monedas nacionales están más limitadas a las condiciones económicas del propio país.

Tarifas de corretaje: Como se mencionó anteriormente, las corredoras de divisas generalmente cobran una tarifa de corretaje más alta para operaciones con monedas nacionales, lo que puede afectar el beneficio potencial del trader. Es importante tener en cuenta estas tarifas al planificar las operaciones.

Influencias políticas: Las monedas nacionales pueden verse afectadas por cuestiones políticas y sociales en el país en el que se emiten. Por lo tanto, los traders que operan con estas monedas deben estar atentos a factores políticos como elecciones, crisis políticas y cambios en la legislación.

Disponibilidad: No todas las corredoras de divisas ofrecen la posibilidad de operar con monedas nacionales. Por lo tanto, los traders deben encontrar una corredora que ofrezca este tipo de operación en caso de que deseen operar con estas monedas.

❖ ❖ ❖

Existen varias estrategias fundamentales que los traders pueden utilizar para operar con monedas nacionales en el mercado de divisas. Aquí hay algunas de las principales:

Análisis económico del país: los traders fundamentalistas utilizan una variedad de indicadores económicos, incluyendo el PIB, la tasa de interés, el nivel de deuda pública, la inflación y otros datos para evaluar la salud económica del país y, luego, tomar decisiones de trading basadas en esta información.

Análisis político del país: eventos políticos como elecciones, cambios en el gobierno y conflictos internacionales pueden tener un gran impacto en las tasas de cambio. Los traders fundamentalistas siguen de cerca estos eventos y evalúan su potencial impacto en la economía del país.

Análisis de commodities: muchos países dependen de las exportaciones de commodities como petróleo, oro y otras materias primas para impulsar su economía. Los traders fundamentalistas evalúan los precios de los commodities y las tendencias de oferta y demanda para evaluar el impacto que estos factores pueden tener en la economía del país y, por ende, en las tasas de cambio.

Análisis de política monetaria: los traders fundamentalistas evalúan las políticas monetarias de los bancos centrales del país para determinar la dirección futura de las tasas de interés y las perspectivas de la economía. Los cambios en las políticas monetarias pueden tener un gran impacto en las tasas de cambio.

Análisis de factores globales: los traders fundamentalistas también tienen en cuenta factores globales, como la salud económica de otros países, los precios de los commodities y las tendencias del mercado en otras partes del mundo, al evaluar las perspectivas para la economía del país y las tasas de cambio.

ANÁLISIS DE MONEDAS INTERNACIONALES

L a análisis de monedas internacionales es uno de los pilares del análisis fundamental del mercado de divisas (forex). Se centra en el estudio de las principales monedas internacionales, incluyendo el dólar estadounidense, euro, yen japonés, libra esterlina y franco suizo, y cómo son influenciadas por los factores económicos, políticos y geopolíticos clave en todo el mundo. Existen numerosos factores que pueden afectar a las monedas internacionales, como las tasas de interés, el rendimiento económico, la política monetaria, las tensiones comerciales y políticas entre países, conflictos geopolíticos y eventos globales significativos como elecciones y crisis financieras.

Para operar con éxito en monedas internacionales, es crucial tener una comprensión sólida de los factores clave que afectan a cada moneda y cómo estos factores pueden cambiar con el tiempo. Esto puede incluir el análisis de datos económicos, la lectura de informes de política monetaria de los principales bancos centrales y el seguimiento de noticias internacionales relevantes. Un trader de forex debe mantenerse constantemente actualizado sobre las noticias internacionales pertinentes para sus operaciones, ya que estas noticias pueden afectar directamente al mercado de divisas.

Hay Varias Formas De Monitorear Estas Noticias, Incluyendo:

Sitios de noticias: Existen varios sitios de noticias que cubren los mercados financieros y las noticias internacionales relevantes para el forex, como CNBC, Bloomberg, Reuters, entre otros.

Redes sociales: Las redes sociales, como Twitter, pueden ser una excelente fuente de información en tiempo real sobre noticias financieras y económicas importantes.

Calendarios económicos: Muchos sitios web y corredoras proporcionan calendarios económicos que enumeran los próximos eventos económicos importantes, como lanzamientos de datos económicos y discursos de líderes políticos.

Para encontrar fuentes confiables, es importante investigar y evaluar la credibilidad de las fuentes que estás utilizando. Algunos consejos para encontrar fuentes confiables incluyen:

Verifica la reputación del sitio u organización: Asegúrate de que el sitio u organización sea conocido por proporcionar información precisa y confiable.

Confirma el autor del artículo: Verifica si el autor es un experto o tiene experiencia en el área sobre la que está escribiendo.

Consulta otras fuentes: Verifica otras fuentes para confirmar la información que estás leyendo. Si varias fuentes confiables informan la misma información, es más probable que sea verdadera.

Mantente alerta a fuentes tendenciosas, evita aquellas que parecen tener una agenda política o financiera clara.

ANÁLISIS DE DATOS DE COMERCIO INTERNACIONAL

El comercio internacional es un componente vital de la economía global y tiene un impacto significativo en el mercado forex. La análisis de datos de comercio internacional puede ayudar a los traders a prever las tendencias de cambio y tomar decisiones informadas sobre sus operaciones. Los datos de comercio internacional incluyen información sobre importaciones y exportaciones de bienes y servicios de un país. Estos datos suelen ser divulgados por los gobiernos en intervalos regulares, generalmente mensuales o trimestrales. Pueden encontrarse en sitios oficiales de gobiernos, como los de ministerios de comercio o bancos centrales, así como en fuentes de noticias financieras.

Os principales indicadores de los datos de comercio internacional incluyen:

Balanza comercial: es la diferencia entre las exportaciones y las importaciones de un país en un período determinado. Si las exportaciones son mayores que las importaciones, la balanza comercial es positiva; si las importaciones son mayores, la balanza es negativa.

Tasa de cambio: el valor de la moneda de un país en relación con la moneda de otro país puede afectar las exportaciones e importaciones de bienes y servicios. Una tasa de cambio favorable puede aumentar las exportaciones, mientras que una desfavorable puede aumentar las importaciones.

Índice de precios de importación/exportación: mide la variación de los precios de los bienes importados y exportados por un país. El aumento de los precios de importación puede afectar negativamente el consumo interno, mientras que el aumento de los precios de exportación puede ser beneficioso para la economía.

Volumen de comercio: mide la cantidad de bienes y servicios exportados e importados por un país en un período determinado. El aumento del volumen de comercio puede indicar un crecimiento económico saludable.

Índice de competitividad: mide la capacidad de un país para competir en términos de precios y calidad con otros países en el mercado internacional. Una alta competitividad puede llevar a un aumento en las exportaciones y a un crecimiento económico sostenible.

Existen varias maneras en que los traders pueden utilizar datos de comercio internacional para informar sus negociaciones. Aquí hay algunas de las principales estrategias:

Identificar tendencias de comercio: los traders pueden usar datos de comercio internacional para identificar tendencias de importación y exportación de un país o región. Estas tendencias pueden afectar la demanda de moneda extranjera y, por lo tanto, el valor de la moneda en relación con otras monedas.

Monitorear el desempeño de la economía: los datos de comercio internacional pueden proporcionar información sobre el desempeño económico de un país o región. Por ejemplo, un aumento en las exportaciones puede indicar un aumento en la producción y el empleo, lo que puede ser un signo de una economía saludable.

Seguir la demanda de commodities: las exportaciones de commodities, como petróleo y metales preciosos, pueden tener un impacto significativo en las monedas de los países productores. Los traders pueden usar datos de comercio internacional para monitorear la demanda de estos bienes y hacer predicciones informadas sobre las monedas correspondientes.

Identificar posibles cambios en la política comercial: los datos de comercio internacional también pueden proporcionar información sobre posibles cambios en la política comercial de un país o región. Por ejemplo, un aumento en las tarifas de importación puede llevar a una depreciación de la moneda, mientras que una política más abierta puede llevar a una apreciación de la moneda.

❖ ❖ ❖

Para asegurarse de que están recibiendo información precisa y actualizada, los traders deben buscar fuentes confiables de datos de comercio internacional. Esto puede incluir sitios oficiales de gobiernos, organizaciones internacionales como la Organización Mundial del Comercio (OMC) y fuentes de noticias financieras respetables.

En resumen, el análisis de datos de comercio internacional puede ser una herramienta valiosa para los traders de forex.

Los datos pueden ayudar a los traders a identificar tendencias, monitorear el desempeño económico, seguir la demanda de commodities e identificar posibles cambios en la política comercial. Sin embargo, es importante que los traders encuentren fuentes confiables y actualizadas de información para tomar decisiones informadas.

ANÁLISIS DE MERCADOS EMERGENTES

Los mercados emergentes son países en desarrollo con economías en crecimiento acelerado y un gran potencial de rentabilidad para los inversores. Estos mercados ofrecen muchas oportunidades para los operadores de forex, pero también presentan riesgos significativos. A continuación, se presentan algunas de las principales oportunidades que los operadores pueden buscar:

Crecimiento económico: Muchos mercados emergentes tienen tasas de crecimiento económico más altas que los mercados desarrollados, lo que puede llevar a una apreciación de la moneda local en comparación con otras monedas.

Diferencia de tasas de interés: Las tasas de interés en países emergentes suelen ser más altas que en países desarrollados. Esto puede dar lugar a un flujo de capital hacia estos países, lo que puede aumentar el valor de su moneda.

Recursos naturales: Muchos mercados emergentes son ricos en recursos naturales, como petróleo, gas, minerales y metales preciosos. Cuando los precios de estos recursos aumentan, esto puede tener un impacto positivo en la moneda local.

Demografía favorable: En muchos mercados emergentes, la población es joven y está en rápido crecimiento, lo que puede llevar a un aumento en la demanda de bienes y servicios y, por lo tanto, a un aumento en la producción y la actividad económica en general.

◆ ◆ ◆

No entanto, los operadores también deben ser conscientes de los riesgos asociados con los mercados emergentes. Algunos de estos riesgos incluyen:

Volatilidad: Los mercados emergentes son conocidos por su alta volatilidad, lo que puede dificultar la predicción de las tendencias de precios.

Política: La política juega un papel importante en los mercados emergentes y puede afectar significativamente las condiciones económicas. Decisiones gubernamentales y cambios de liderazgo pueden dar lugar a oscilaciones imprevisibles en el mercado.

Dificultad de acceso a información: Obtener información precisa sobre los mercados emergentes puede ser un desafío. Los datos económicos pueden ser limitados o imprecisos, y los mercados pueden carecer de transparencia.

Riesgo cambiario: Los inversionistas en mercados emergentes enfrentan el riesgo de fluctuaciones cambiarias, lo que puede afectar el valor de sus inversiones.

Riesgo geopolítico: Los mercados emergentes también pueden verse afectados por la inestabilidad política y conflictos armados, lo que puede resultar en interrupciones en el comercio y la inversión.

No obstante, los operadores también deben ser conscientes de los riesgos asociados con los mercados emergentes, incluyendo la volatilidad política, las marcadas fluctuaciones cambiarias, la falta de transparencia en relación con los datos económicos y financieros, entre otros. Es importante que los operadores realicen un análisis completo y cuidadoso antes de invertir en cualquier mercado emergente.

◆ ◆ ◆

A continuación, se presenta un paso a paso sobre cómo un trader de forex puede realizar su análisis fundamental de un país emergente:

Recopilar datos macroeconómicos: Inicie recopilando datos macroeconómicos del país en cuestión. Esto incluye datos del PIB, inflación, tasa de interés, balanza comercial y deuda externa.

Analizar la política económica del país: Analice la política económica del país para comprender las intenciones del gobierno con respecto a la economía. Esto puede incluir decisiones de política monetaria, fiscal y comercial.

Verificar la estabilidad política: Revise la estabilidad política del país y la probabilidad de eventos políticos que puedan afectar la economía, como elecciones o cambios en el gobierno.

Examinar las condiciones sociales: Analice las condiciones sociales del país, como el nivel de pobreza, la desigualdad y la calidad de la educación, para entender cómo estos factores pueden afectar la economía.

Observar la situación de las empresas locales: Observe la situación de las empresas locales para evaluar la salud de la economía del país. Empresas fuertes generalmente indican una economía sólida y viceversa.

Monitorear la situación de las commodities: Verifique la situación de las commodities que el país produce o exporta, así como las condiciones de los mercados globales de esas commodities, para entender cómo esto puede afectar la economía.

Verificar la situación de las relaciones internacionales: Compruebe la situación de las relaciones internacionales del país, incluyendo acuerdos comerciales, sanciones y acciones de otros países con respecto al país. Esto puede afectar el comercio y la economía del país.

Acompañar las noticias: Siga las noticias diarias relacionadas con el país para obtener información actualizada e ideas sobre eventos actuales que puedan afectar la economía.

Analizar el impacto en el mercado forex: Después de recopilar y analizar toda la información relevante, analice cómo estos factores pueden afectar el mercado forex y tome decisiones de inversión informadas basadas en la información recopilada.

ANÁLISIS DE DATOS DE INVERSIONES EXTRANJERAS

E l análisis de datos de inversiones extranjeras es una de las técnicas empleadas por los traders para analizar los mercados financieros y tomar decisiones de inversión fundamentadas. Estos datos pueden ayudar a evaluar la atracción de un mercado para inversores extranjeros, así como proporcionar información sobre la salud económica general del país en cuestión. Las inversiones extranjeras pueden abarcar acciones, bonos y otros activos financieros, ya sean directas o indirectas, involucrando a empresas o individuos que adquieren participaciones en empresas locales o bonos emitidos por el gobierno. Los datos de inversiones extranjeras son recopilados por gobiernos e instituciones financieras, y están disponibles públicamente para los traders.

A continuación, presento algunas de las principales formas en que un operador de forex puede utilizar el análisis de datos de inversiones extranjeras:

Evaluar la atractividad del mercado: El flujo de inversiones extranjeras puede indicar la atractividad de un mercado para los inversores extranjeros. Si hay un gran flujo de inversiones extranjeras en un país, esto puede ser señal de que el país se percibe como un buen lugar para invertir. Esto podría llevar a una apreciación de la moneda local en comparación con otras monedas.

Identificar tendencias macroeconómicas: Las inversiones extranjeras también pueden proporcionar información valiosa sobre la salud económica general de un país. Un gran flujo de inversiones extranjeras podría indicar que la economía está en expansión y que los inversores tienen confianza en el futuro. Por otro lado, una disminución en la inversión extranjera podría indicar problemas económicos en el país.

Anticipar movimientos de precios: Las inversiones extranjeras también pueden afectar los movimientos de precios de las monedas locales y otras clases de activos. Si hay un gran flujo de inversiones extranjeras en un país, esto podría llevar a una apreciación de la moneda local en comparación con otras monedas. Del mismo modo, si hay una salida de inversiones extranjeras de un país, esto podría llevar a una depreciación de la moneda local.

Identificar oportunidades de inversión: Los datos de inversiones extranjeras también pueden ayudar a los operadores a identificar oportunidades de inversión específicas. Un gran flujo de inversiones extranjeras en un sector determinado podría indicar oportunidades de inversión en ese sector. De manera similar, si hay un gran flujo de inversiones extranjeras en una empresa específica, esto podría indicar una oportunidad de inversión en esa empresa.

Para realizar el análisis de datos de inversiones extranjeras, el operador puede acceder a informes de inversiones extranjeras producidos por bancos centrales, agencias gubernamentales y otras instituciones financieras. Estos informes pueden incluir información sobre el flujo de inversiones extranjeras, el sector de destino de las inversiones y el país de origen de los inversores. El operador también puede utilizar herramientas de análisis de datos para visualizar y analizar los datos de inversiones extranjeras de manera más eficiente.

◆ ◆ ◆

Existen diversas herramientas de análisis de datos que un trader puede utilizar para visualizar y analizar datos de inversiones extranjeras de manera eficaz. Algunas de las principales herramientas incluyen:

Hojas de cálculo electrónicas: Las hojas de cálculo electrónicas, como Microsoft Excel o Google Sheets, son herramientas esenciales para analizar datos de inversiones extranjeras. Permiten la organización de datos en tablas, la creación de gráficos y la aplicación de fórmulas y funciones para facilitar el análisis.

Gráficos: Los gráficos son una herramienta visual poderosa para analizar datos de inversiones extranjeras. Permiten al trader visualizar tendencias y patrones en los datos e identificar posibles oportunidades de negociación.

Análisis estadístico: El análisis estadístico es una herramienta importante para entender los datos de inversiones extranjeras. Permite al trader hacer predicciones basadas en datos históricos e identificar posibles riesgos y oportunidades de negociación.

Software de análisis de datos: Existen diversos software de análisis de datos disponibles en el mercado, como Tableau,

Power BI y Google Data Studio. Permiten la creación de paneles interactivos y personalizados para analizar datos de inversiones extranjeras.

APIs de datos: Las APIs de datos permiten al trader acceder y utilizar datos de inversiones extranjeras en tiempo real, directamente en sus plataformas de negociación. Esto le permite tomar decisiones de negociación más informadas y oportunas.

❖ ❖ ❖

En 2016, el presidente de los Estados Unidos, Donald Trump, ganó las elecciones presidenciales con su campaña "América Primero", que prometía proteger la economía estadounidense y limitar las inversiones extranjeras en el país.

Como resultado, muchos inversores extranjeros se preocuparon por el futuro del mercado estadounidense y comenzaron a retirar sus inversiones. John Paulson, un operador famoso por su gran éxito durante la crisis financiera de 2008, vio esta situación como una oportunidad.

Comenzó a comprar acciones de empresas estadounidenses que habían sido vendidas por inversores extranjeros, incluyendo acciones del sector financiero y energético. Paulson basó su decisión en datos de inversiones extranjeras que mostraban que los inversores estaban vendiendo acciones estadounidenses en gran cantidad.

Creía que estas ventas eran excesivas y que las empresas estadounidenses eran lo suficientemente sólidas como para resistir la política "América Primero" de Trump. Su análisis fundamentalista resultó ser correcto y sus compras generaron grandes beneficios.

Las acciones de bancos, como Citigroup y Bank of America, se recuperaron en más del 20%, mientras que las empresas petroleras, como ExxonMobil, aumentaron más del 15%.

Esta historia real demuestra la importancia del análisis de datos de inversiones extranjeras en la toma de decisiones de inversión y cómo un operador puede utilizar esos datos para encontrar oportunidades de negociación lucrativas.

ANÁLISIS DE DATOS DE PRODUCCIÓN AGRÍCOLA

La producción agrícola es un indicador importante de la salud económica de un país, ya que la agricultura constituye un sector fundamental en la mayoría de las economías mundiales. El análisis de datos de producción agrícola puede proporcionar información valiosa para los operadores de forex, ya que puede influir en las decisiones de políticas monetarias y comerciales, además de afectar el precio de las monedas nacionales. Sin embargo, es importante recordar que el enfoque de este libro está en las inversiones en forex y no en commodities. Por lo tanto, la análisis de datos de producción agrícola se abordará desde esta perspectiva.

La análisis de datos de producción agrícola implica la recolección y análisis de información sobre la cantidad y calidad de las cosechas en una región o país específico. Los datos pueden incluir información sobre el rendimiento de las cosechas, las condiciones meteorológicas, el uso de fertilizantes y pesticidas, así como la demanda del mercado. Hay varias fuentes para obtener estos datos, como agencias gubernamentales, organizaciones internacionales, empresas de investigación de mercado y cooperativas agrícolas.

Una de las formas más efectivas de analizar datos de

producción agrícola es a través de gráficos y tablas. Estas herramientas pueden ayudar a identificar tendencias y patrones a lo largo del tiempo, así como permitir la comparación entre diferentes regiones o países. Además, los operadores de forex pueden utilizar estos datos para prever la dirección futura de los precios de las monedas nacionales.

◆ ◆ ◆

Existen diversas fuentes confiables que pueden utilizarse para recopilar datos de producción agrícola. Algunas de ellas incluyen:

FAO (Organización de las Naciones Unidas para la Agricultura y la Alimentación): La FAO proporciona información sobre la producción agrícola a nivel mundial, incluyendo datos de producción, precios, comercio y consumo de alimentos.

USDA (Departamento de Agricultura de los Estados Unidos): El USDA ofrece datos sobre la producción agrícola de los Estados Unidos, así como información sobre precios, comercio y condiciones climáticas que afectan la producción.

Eurostat: La agencia de estadísticas de la Unión Europea brinda datos sobre la producción agrícola, precios y comercio entre los países miembros de la UE.

Ministerios de Agricultura: Los ministerios de agricultura de los gobiernos nacionales generalmente recopilan y publican datos sobre la producción agrícola en sus respectivos países.

Organizaciones de productores agrícolas: Muchas organizaciones de productores agrícolas recopilan y publican datos sobre la producción en sus áreas respectivas, generalmente con enfoque en productos específicos como granos, frutas o vegetales.

Empresas de consultoría en agronegocios: Empresas especializadas en agronegocios recopilan y analizan datos de producción agrícola en todo el mundo, proporcionando información y análisis para inversores, productores y otras partes interesadas en el sector.

Es importante recordar que es necesario verificar la confiabilidad y actualidad de los datos recopilados, así como las metodologías utilizadas para la recopilación y análisis de dichos datos.

Existen varias herramientas de análisis de datos que los traders de commodities pueden utilizar para visualizar y analizar de manera eficaz los datos de producción agrícola. Estas herramientas incluyen gráficos de precios, análisis técnico y fundamental, modelos econométricos, análisis de regresión y análisis de series temporales.

Supongamos que un trader esté interesado en invertir en el mercado de divisas japonés. Analiza datos de producción agrícola de Japón y descubre que la producción de arroz ha aumentado significativamente en el último año. Con base en esto, puede prever que la demanda de yenes japoneses aumentará, ya que el arroz es una mercancía importante en el país. Esto podría llevar a una apreciación del yen frente a otras monedas, como el dólar estadounidense.

Países como Brasil, China, India y Rusia tienen un gran potencial para la producción agrícola y pueden ofrecer oportunidades de inversión lucrativas para traders que buscan diversificar su cartera. Sin embargo, el análisis de datos de producción agrícola también presenta desafíos. Las condiciones climáticas pueden ser impredecibles, y la demanda global puede verse afectada por factores políticos y económicos. Además, los datos de producción agrícola pueden ser difíciles de obtener y pueden ser inconsistentes en diferentes regiones del mundo.

Una historia real de trading de divisas basada en el análisis de datos de producción agrícola ocurrió en 2018 con el dólar australiano. En ese momento, una fuerte sequía afectó varias partes de Australia, causando una caída significativa en la producción de trigo y otras commodities agrícolas. Algunos traders de divisas que seguían los datos de producción agrícola notaron que la disminución en la producción de trigo podría afectar negativamente a la economía australiana en general, ya que la exportación de trigo es una fuente importante de ingresos para el país. Como resultado, muchos traders comenzaron a vender el dólar australiano, anticipando una posible caída en el valor de la moneda. Como resultado, el dólar australiano cayó frente al dólar estadounidense y otras monedas importantes. Los traders que aprovecharon esta oportunidad y vendieron el dólar australiano obtuvieron ganancias con la caída de la moneda.

ANÁLISIS DE DATOS ENERGÉTICOS

La análisis de datos energéticos es una herramienta fundamental para los traders de Forex que buscan invertir en pares de monedas de países productores y exportadores de energía. Esta evaluación implica la supervisión y análisis de una serie de datos relacionados con la producción, consumo y almacenamiento de energía.

Los principales datos energéticos que los traders de Forex deben monitorear incluyen:

Producción de petróleo crudo: este indicador es crucial para evaluar la capacidad de un país para generar ingresos mediante la exportación de petróleo. La producción puede verse afectada por factores como inversiones en infraestructura y tecnología, condiciones climáticas, inestabilidad política y cuestiones ambientales.

Consumo de petróleo: es una medida de la demanda interna de energía de un país y puede ser influenciado por factores como el crecimiento económico, políticas gubernamentales y condiciones climáticas.

Inventario de petróleo: representa la cantidad de petróleo almacenado por un país para satisfacer las futuras necesidades de consumo y exportación. Los niveles de inventario pueden estar influenciados por factores como la oferta y demanda global de petróleo, políticas gubernamentales y eventos geopolíticos.

Producción de gas natural: este indicador es esencial para evaluar la capacidad de un país para generar ingresos mediante la exportación de gas natural, y su producción puede ser influenciada por factores similares a los de la producción de petróleo.

Consumo de gas natural: medida de la demanda interna de energía de un país, influenciada por factores similares al consumo de petróleo.

Inventario de gas natural: representa la cantidad de gas natural almacenado por un país para satisfacer las futuras necesidades de consumo y exportación, con niveles influenciados por factores similares a los del inventario de petróleo.

Producción de energía renovable: el aumento de la producción de energía renovable, como la eólica y solar, puede impactar los precios del petróleo y gas natural, afectando las monedas de los países productores de estos recursos.

Demanda de energía: un indicador económico clave que puede afectar los precios del petróleo y gas natural. Los traders pueden monitorear la demanda de energía en diversas regiones del mundo para obtener información sobre la salud económica y anticipar posibles movimientos en las tasas de cambio.

Los traders de Forex pueden utilizar estos datos energéticos para tomar decisiones informadas de inversión en pares de monedas de países productores y exportadores de energía. Por ejemplo, un aumento en la producción de petróleo de un país podría aumentar la oferta global, disminuyendo los precios del petróleo y depreciando la moneda de ese país. En cambio, un aumento en la demanda global de petróleo podría elevar los precios del petróleo, apreciando la moneda del país exportador de petróleo.

◆ ◆ ◆

Há un ejemplo notable de un gran cambio en el mercado Forex que ocurrió debido a un evento en el sector energético. En 2014, la Organización de Países Exportadores de Petróleo (OPEP) decidió mantener su producción de petróleo alta, a pesar de la caída en los precios del petróleo. Esto llevó a una disminución significativa en los precios del petróleo crudo, lo que impactó en el mercado Forex de varias maneras.

Un ejemplo destacado fue el yen japonés. Dado que Japón es un gran importador de petróleo, la caída en los precios del petróleo crudo afectó la economía del país y, por lo tanto, la fortaleza del yen. Como resultado, muchos traders de Forex comenzaron a vender el yen y comprar otras monedas, como el dólar estadounidense. Esto llevó a un gran cambio en el mercado Forex, con el dólar estadounidense subiendo en relación con el yen japonés.

Sin embargo, este cambio en el mercado no duró mucho tiempo. En 2016, la OPEP decidió reducir su producción de petróleo, lo que llevó a un aumento en los precios del petróleo crudo. Esto, a su vez, provocó un cambio en el mercado Forex, con el yen japonés fortaleciéndose frente al dólar estadounidense.

Esta historia real demuestra cómo los datos energéticos, como la producción de petróleo y los precios del petróleo crudo, pueden tener un impacto significativo en el mercado Forex. Los traders de Forex deben monitorear de cerca estos datos para tomar decisiones de negociación informadas.

ANÁLISIS DE DATOS DE PRECIOS AL CONSUMIDOR

L a análisis de datos de precio al consumidor es una herramienta fundamental para los traders de forex que desean evaluar la salud económica de un país. El índice de precios al consumidor (IPC) mide la variación media de los precios de un conjunto de bienes y servicios consumidos por las familias en un período determinado. Es un indicador clave de la inflación y, a su vez, de la política monetaria del Banco Central.

El IPC se calcula mediante encuestas de precios de bienes y servicios en una cesta básica de consumo. Los precios se recopilan en áreas urbanas y rurales, en establecimientos comerciales, proveedores de servicios, empresas de servicios públicos y otros lugares. Los pesos asignados a cada ítem se basan en su importancia en la cesta básica de consumo, que puede variar de un país a otro.

El aumento o la disminución del IPC puede tener varias consecuencias para la economía y, consecuentemente, para el mercado forex. Un aumento en el IPC indica un alza en los precios de bienes y servicios, lo que puede llevar a una reducción en el poder adquisitivo de los consumidores, ya que necesitan gastar más dinero para comprar los mismos bienes y servicios.

Esto puede conducir a una disminución del consumo, afectando negativamente a las empresas que dependen del consumo interno.

Por otro lado, una disminución en el IPC indica una baja en los precios de bienes y servicios, lo que puede aumentar el poder adquisitivo de los consumidores. Esto puede llevar a un aumento del consumo y, a su vez, tener un efecto positivo en las empresas que dependen del consumo interno.

En el mercado forex, los traders pueden utilizar esta información para evaluar la salud económica de un país y la probabilidad de que las tasas de interés aumenten o disminuyan, lo que puede afectar el valor de la moneda. Por ejemplo, si el IPC de un país aumenta, el banco central puede optar por aumentar las tasas de interés para controlar la inflación, lo que puede llevar a una apreciación de la moneda del país en comparación con otras monedas.

Por otro lado, si el IPC de un país disminuye, el banco central puede optar por reducir las tasas de interés para estimular la economía, lo que puede llevar a una depreciación de la moneda del país en comparación con otras monedas.

Para analizar los datos de precio al consumidor, los traders de forex pueden utilizar gráficos y tablas de historial del IPC, así como informes y anuncios del Banco Central. También pueden monitorear otros indicadores económicos, como el índice de precios al productor (IPP) y el índice de precios al consumidor ampliado (IPCA), que incluye bienes y servicios más amplios que la cesta básica.

Es importante que los traders de forex encuentren fuentes confiables de datos e información sobre el IPC y otros indicadores económicos. Estas fuentes incluyen agencias gubernamentales, bancos centrales, instituciones financieras, agencias de noticias y organizaciones internacionales. Es esencial que los traders realicen un análisis cuidadoso de los datos antes de tomar decisiones de negociación basadas en ellos.

La análisis de datos de precio al consumidor es una parte esencial del análisis fundamentalista del mercado forex. Al monitorear cuidadosamente los datos del IPC y otros indicadores económicos, los traders pueden tomar decisiones de negociación informadas y maximizar sus oportunidades de beneficio en el mercado.

Un ejemplo de trading de forex basado en el análisis de datos de precios al consumidor ocurrió en 2019, cuando el Banco Central Europeo (BCE) decidió posponer el aumento de las tasas de interés, lo que llevó a una caída del euro en comparación con el dólar estadounidense. Los traders que estaban siguiendo de cerca los datos de inflación en Europa y las decisiones del BCE ya esperaban que el aumento de las tasas se pospusiera debido al bajo IPC. Entonces, cuando el BCE anunció oficialmente que las tasas de interés se mantendrían estables, los traders comenzaron a vender el euro y comprar el dólar estadounidense, ya que la decisión del BCE indicaba una economía europea más débil en comparación con la de los Estados Unidos.

Un ejemplo específico es el caso de un trader de forex que estaba monitoreando los datos de inflación en Alemania, la mayor economía de la zona del euro. El trader notó que el IPC alemán estaba por debajo de las expectativas del mercado y que el BCE estaba siendo cauteloso con respecto a las tasas de interés. Con base en estos datos, el trader abrió una posición de venta en el euro frente al dólar estadounidense. Después del anuncio del BCE, el euro cayó y el trader obtuvo un beneficio significativo en su posición de venta. Cerró la posición con éxito antes de que el mercado se moviera en la dirección opuesta y obtuvo un beneficio considerable debido a su análisis cuidadoso de los datos de inflación y la política del BCE.

CONCLUSIONES Y RECOMENDACIONES PARA EL FUTURO

Hemos llegado al final de este viaje por el mundo del análisis fundamental de Forex. A lo largo de todo el libro, exploramos los principios, conceptos y estrategias esenciales para comprender y aplicar el análisis fundamental en el mercado de divisas. En este último capítulo, realizaremos una revisión de las principales conclusiones y proporcionaremos algunas recomendaciones para el futuro del análisis fundamental.

Valor del Análisis Fundamental: A lo largo de este libro, destacamos repetidamente la importancia del análisis fundamental en el mercado Forex. Ofrece una visión profunda de los factores macroeconómicos, políticos y sociales que afectan a las monedas, permitiendo que los traders comprendan mejor las tendencias y los movimientos de los pares de divisas.

Fundamentos Económicos e Indicadores Clave: Los fundamentos económicos desempeñan un papel fundamental en el análisis fundamental. El conocimiento de los principales indicadores económicos, como el PIB, la tasa de interés, la inflación, la balanza comercial y los datos de empleo, es esencial para evaluar la salud económica de un país y anticipar posibles movimientos en las monedas relacionadas.

Monitoreo de Noticias y Eventos: Quedó claro a lo largo del libro que el seguimiento regular de las noticias y eventos es crucial en el análisis fundamental. La divulgación de información importante, como discursos de políticos, anuncios de bancos centrales y eventos geopolíticos, puede tener un impacto significativo en las monedas. Los traders deben estar actualizados y preparados para reaccionar a estos eventos.

Análisis de Escenarios y Probabilidades: El análisis fundamental ayuda a los traders a construir escenarios y evaluar las probabilidades de diferentes resultados. Basándose en la comprensión de los fundamentos, los traders pueden analizar los posibles resultados y evaluar el riesgo-recompensa de sus decisiones comerciales. Esto permite un enfoque más fundamentado e informado al entrar y salir del mercado.

Aprendizaje Continuo e Investigación: El análisis fundamental es un campo amplio y complejo, con una multitud de factores a tener en cuenta. Es fundamental para los traders involucrarse en el aprendizaje continuo, seguir investigaciones actualizadas y buscar nuevos conocimientos sobre economía, política y desarrollos globales. Cuanto más profundicen en el análisis fundamental, mejor serán sus habilidades de toma de decisiones.

Recomendaciones para el Futuro:

Mejorar la Comprensión de los Fundamentos: Continúa perfeccionando tu comprensión de los fundamentos económicos, estudiando indicadores clave y sus implicaciones en los mercados de Forex. Busca información en fuentes confiables y amplía tu conocimiento económico para tomar decisiones más informadas.

Desarrollar una Red de Información: Mantente actualizado con las últimas noticias y desarrollos económicos al construir una red confiable de fuentes de información. Esto incluye sitios especializados, agencias de noticias, publicaciones financieras e incluso grupos de discusión en línea con otros traders.

Seguir los Calendarios Económicos: Utiliza calendarios económicos para estar al tanto de los eventos e indicadores económicos importantes que se divulgarán. Esto te permitirá prepararte con anticipación y evaluar posibles impactos en las monedas relevantes.

Integrar el Análisis Fundamental con Otras Enfoques: Aunque este libro se centra en el análisis fundamental, es importante reconocer que otras aproximaciones, como el análisis técnico y la gestión de riesgos, también desempeñan un papel crucial en el trading de Forex. Considera integrar estas aproximaciones para obtener una visión más completa y tomar decisiones más sólidas.

Practicar la Disciplina y la Gestión de Riesgos: Por último, recuerda la importancia de la disciplina y la gestión de riesgos en el trading de Forex. El análisis fundamental puede proporcionar información valiosa, pero es esencial aplicar un enfoque disciplinado al implementar tus estrategias y garantizar una gestión adecuada de riesgos para proteger tu capital.

Conclusión:

El análisis fundamental de Forex proporciona una base sólida para comprender los movimientos de las divisas y tomar decisiones informadas en el mercado de divisas. Al comprender los fundamentos económicos y seguir de cerca los eventos relevantes, los operadores pueden mejorar sus habilidades de predicción y maximizar sus oportunidades de negociación.

A medida que avanzas en tu trayectoria como operador, recuerda seguir aprendiendo, actualizándote con las noticias y desarrollos económicos, y adaptando tus estrategias según sea necesario. El análisis fundamental es un campo en constante evolución, y aquellos que se dedican a perfeccionar sus habilidades seguramente tendrán una ventaja en el mercado de Forex.

Te deseamos éxito en tus futuras operaciones y que el análisis fundamental sea una herramienta valiosa en tu viaje en el mercado de Forex.